U0116530

全球化簡史

Globalization: a short history

尤根·奧斯特哈默
尼斯·P·彼得生　著

魏育青　譯

商務印書館

© Verlag C. H. Beck OHG, München 2012

全球化簡史

作　　者：尤根・奧斯特哈默／尼斯・P・彼得生

譯　　者：魏育青

責任編輯：林婉屏

封面設計：張　毅

出　　版：商務印書館 (香港) 有限公司
　　　　　香港筲箕灣耀興道 3 號東滙廣場 8 樓
　　　　　http://www.commercialpress.com.hk

發　　行：香港聯合書刊物流有限公司
　　　　　香港新界大埔汀麗路 36 號中華商務印刷大廈 3 字樓

印　　刷：美雅印刷製本有限公司
　　　　　九龍官塘榮業街 6 號海濱工業大廈 4 樓 A 室

版　　次：2014 年 4 月第 1 版第 1 次印刷
　　　　　© 2014 商務印書館 (香港) 有限公司
　　　　　ISBN 978 962 07 6521 6
　　　　　Printed in Hong Kong

序

　　我們描繪當代特徵時，"全球化"是一個被使用得最多的概念。然而，當前的狀態是由哪些長期的過程導致的呢？在"全球化"概念出現之前，這些過程就已經在起作用了。當時人們的話題是：歐洲擴張，世界經濟誕生，各大洲由於人員頻繁往來而緊密相連，國際關係擴展到全球範圍，在文化領域形成了世界主義的潮流。所有這些過程並非持續不斷的，都伴隨着危機。而本書會在闡述時將它們聯繫在一起，使"全球化"這個用於判斷當今的最重要概念獲得了歷史的景深。

目 錄

一 "全球化"：概念的界定

1. 現狀診斷和歷史過程概念

"全球化"一般被用來形容今日的世界。這個概念起初並不怎麼受人重視，只出現在經濟學家的著作和文章裏。然而，到了上世紀 90 年代，它卻開始大行其道，在多種語言中成為眾所周知的詞彙。各門學科都將"全球化"奉為圭臬，選為主導範疇。探討全球化、全球性、全球歷史或全球資本主義之類的文獻與日俱增。現在必須要清晰的指南才能在紛繁的語義中開出一條路來。[1]媒體若想要擺出哲學家的樣子，那麼"全球化"就隨時可以拿來就用。它幾乎已成為了一個用來炫耀的詞語，能給人留下好印象，至於確切的含義是甚麼，大家反倒不怎麼關心了，只要思想深刻的表像還能抵擋得住懷疑的追問就行。

不過，"全球化"如此廣受歡迎，卻不只是一種集體性思維缺陷的症候群。這個概念毫無爭議地擁有了一個合法地位：它能賦予時代一個名稱。在過去的幾十年裏，要簡明扼要地給當下的時代命名，殊非易事。上世紀 50 年代，有些人對"原子時代"的説法情有獨鍾。在 60 和 70 年代，一些人認為應該將當下稱為成熟的"工業社會"，而另一些人則傾向於"晚期資本主義"。到了 80 年代，"風險社會"贏得了不少贊同聲，"後現代"也時髦起來，但卻未能進入普遍的社會意識，因為人們無法想像"後現代"具體是指甚麼。"全球化"的概念則完全不同，它與許多人的切身經驗相聯繫：一方面，消費和通訊確實（幾乎）將整個地球都帶進了富國民眾的家中；另一方面，蘇東集團 (Soviet bloc) 這一獨特的封閉世界分崩離析之後，西方現代生活方式的統一原則似乎對整個地球產生了全面而深刻的影響。從經濟角度來看，市場的力量擺脱了國家的掌控，數據處理和通訊領域也有技術的革新，於是就令到一些市場的供求關係能普及全世界。一方面，我們難以看清縱橫交錯的全球經濟聯繫，另一方面，我們每天都不難體驗到界限正在逐漸消失 ——儘管這兩者之間可能仍橫貫着一道鴻溝，但是"全球化"的概念卻有一個顯著的好處，它對兩者都合適，能將理性和情感統一起來。這個概念的核心其實很平常，它也不斷地被證實：世界突然變"小"了，本來天各一方的，現在越來越緊密地聯繫在一起。然而同時，世界也變"大"了，因為我們從來不曾有過如此廣闊的視野。[2] 所以，如果要對最近一次世紀轉折期的時代精神"一言以蔽之"，那麼我們確實別無它選，只能再三重申：我們邁入了全球化的時代。

在這點上，歷史學家們不得不也來參與討論了。一方面，他們覺得社會學文獻中那些被譽為新知識的東西似曾相識，其實是古已有之的。比如，在"全球化"這個詞出現之前很久，經濟史學家已經相當精確地描述了一種世界經濟的形成和整合過程。對歷史學家們而言，精確性不僅要體現在事實的描述上，也要體現在因果的判定上。

說到精確性，歷史學家們並非徒有其名，他們確實觀察得特別細緻，在有疑問時總是尋找有根有據的證明，而不是熱衷於閃亮的噱頭。不過在另一些問題上，歷史學家們也免不了追求宏觀的傾向。長久以來，歷史學在解釋大約 250 年以來世界經歷的變革時，用的是非常廣義的過程概念。而這些過程概念，就像那些著名的"主義"（自由主義、社會主義等）一樣，可以歸為"化"：合理化、工業化、城市化、官僚化（科層化）、民主化、個體化、世俗化、掃盲化(去文盲化),等等。所有這些過程,都依據各自的時代模式,以一種極其複雜的方式互相聯繫,它們的共通點是:長期進行,以不同形式和不同強度在世界五大洲進行,能釋放一種在早先的、前現代的歷史上極為罕見的變革力量。人們運用"現代化"這一元概念(Metabegriff),試圖將上述個別過程整合成一種整體發展。

僅從詞的形式上看,"全球化"似乎就有資格在現代世界的各種宏觀過程中佔有一席之地。其實不必馬上把這個概念置於最高層面,即直接與"現代化"並列(甚至超越"現代化"之上),不必馬上認定各種遙遠的關係變得越來越密切就是世界發展的主要標誌。只要這樣提問就夠了:"全球化"是否可能像"工業化"之類的概念一樣具有說服力,一樣重要?倘若如此便是所得可觀了,便能大大豐富歷史學的解釋可能性。倘若如此也會更受歡迎,因為上述的種種"化"都不涉及各個民族、各個國家、各種文明之間的關係,都只是在本國本地區的範圍體現出來,對其進行的學術研究也都是以這種方式進行的。倘若"全球化"能在各種宏觀的發展概念中贏得某種地位,那麼就終於填補了一個巨大的空白,就能為一切具有跨洲、跨國、跨文化(等等)特點的東西提供棲身之地,而這些東西目前正在歷史學家們的各種主流"話語"之間到處流浪，無家可歸。

　　而這就是我們下文的出發點。我們並不主張不分青紅皂白地全部推翻迄今為止對歷史的描寫。對於要把近代史重寫成一部全球化史這種荒唐的要求，我們也是敬而遠之。我們想嘗試的是，從全球化的視角重新考察往昔。也可以這樣說：我們生活的許多方面，如今只能在世界性的各種緊密聯繫中才能理解，這是人所共知的事實。但是，這些聯繫在過去難道不是也很重要，比流行的歷史觀中承認的更重要？這些聯繫是怎樣的？怎樣起作用？這些聯繫是否確實合成了一個有特色的過程，而該特色使得人們有理由為此使用"全球化"這個新創的概念？還有，如果對後一個問題的答案是肯定的，那麼是否能夠斷定 20 世紀末期乃是一個時代轉折點：其時，全球化趨勢如此激動人心，佔據主導地位，以至於我們可以大膽地認為這是意義深刻的分水嶺，即一個新時代的開端？這個新時代是馬丁・阿布洛 (Martin Albrow) 所說的"全球時代"，是烏爾利希・貝克 (Ulrich Beck) 和安東尼・紀登斯 (Anthony Giddens) 所說的"第二現代性"，抑或，還能給這個新時代貼上別的標籤？

2. 核心意義和爭論

　　在大多數的定義中，全球聯繫的擴大化、密集化和加速化起着主要作用。定義已常與一些現狀結合在一起。例如全球化是否意味着民族國家的衰亡、是否會造成世界的文化大一統，或者是否會賦予時空某種新的概念。在此類關於全球化意義的討論背後，經常隱藏着措辭激烈的價值判斷。形形色色的態度猶如一條光譜，熱捧全球化的人和抨擊全球化的人構成了它的兩極。一些人歡呼，一個增長和富裕的新時代到來了；另一些人則發現，西方國家的大資本正開始統治全球，而這對民主、僱員權力、貧困國家以及全球的生態系統極為不利。

　　如果說，立場截然不同的學者們之間還有一種普遍共識的話，那麼，這就是他們都認為全球化會對民族國家的意義提出質疑，會使國家和市場之間的權力關係及方向轉變。[3]這種發展趨勢的得益者是跨國公司，各國政府通過促進自由貿易支持它們，而它們對各自的祖國並無忠誠度，而是在世界範圍挑選最有利於節省成本的地點進行運作。這樣一來，民族國家通過經濟政策產生影響的可能性就受到了限制，它們獲取資源尤其是稅收的可能性同樣如此。社會福利國家也會削減保障民生的措施，從而弱化了國家的合法性——

在熱捧全球化的新自由主義者眼裏，這無異於擴展了個人自由，而全球化的批評者則認為，這意味着無政府主義的爆發，只有強者才能從中獲利。國家尤其是民族國家外在的主權及其內在的權力壟斷和掌控能力的削弱，成了今天社會科學的主要課題之一。[4]

全球化的第二個各方公認的標誌，是它對所有被歸為"文化"的東西產生的影響。[5]文化全球化，由通訊技術和全球運作的西方文化產業推動的文化全球化，起先被視為是一種同質化，是美國大眾文化以傳統多樣性為代價的全球統治。然而很快就有人指出了一種相反的趨勢：一些新興的運動從對全球化的抗議中獲得了捍衛本地特色和身份的動力，但同時自己也借助新技術之力，以更有效地實現自己的目標，呼籲世界輿論支持自己。羅蘭·羅伯遜 (Roland Robertson) 將這種共存的同質化和異質化稱為"個性共性化和共性個性化"。他還提出了"全球本土化"(或全球在地化，Glokalisierung) 的概念，旨在強調全球化趨勢始終在本土生效，必須經過特別的"獲得"過程。[6]文化經由全球化而轉變，其結果經常也被闡釋為"雜交"，即創造性地獲得的新文化因素和已有的文化因素兩者混合。[7]大眾媒介、遠途旅行和全球需求的消費品是"全球本土化"最重要的機制。

鑒於人、商品、尤其是訊息遠距離流動和傳送的便利性和經常性，許多學者將全球化描繪成時空範疇的根本變化，描繪成地理學家戴維·哈維 (David Harvey) 所說的"時空壓縮"。[8] 這可以視為社會科學中全球化的第三個基本特徵。"時空壓縮" 始於電話通訊費用大跌和電子郵件的廣泛普及，使人們可以共同在場，形成一種"虛擬"交往，從而創造了世界範圍內社交關係的前提。在這些網絡和系統中，有效距離遠遠小於地理距離，其首要原因是通訊的加速。

這種現象也可以用另一種方式來表達，即所謂"去領土化" (Entterritorialisierung) 或"超領土性"(Supraterritorialitaet)。[9] 對許多種社會關係而言，地點、距離和界限變得無足輕重了。全球化看來在這點上也存在共識，不再被理解為依然是在民族國家的意義上，一種社會之間更頻繁的互動方式，而是被理解為一種整體上的趨勢：消除領土性，消除與空間相聯繫的國家性——這在地理意義上相應於一種觀點：國家功能喪失，這有利於自我調節的市場力量。

在關於全球化的討論中，還有些代表性人物從這樣一種共同的基本理解出發，作出了進一步的解釋和預言。在此舉兩個例子：馬丁‧阿布洛 (Martin Albrow) 的"全球性"(Globalitaet) 概念和曼威‧科司特 (Manuel Castells) 關於"網絡社會"的觀點。阿布洛的"全球性"指一種使當前時代有別於以往全部歷史的新框架，他列舉了"全球性"的下列維度：環境問題在全球生態框架中提了出來；大規模殺傷性武器帶來了摧毀整個地球的危險；通訊系統和市場延伸至全世界；最後，全球性開始具備反身性，即對越來越多的人而言，關於這些全球聯繫的知識成了與自身行為和思想相關的標準。曼威‧科司特則將全球化描述為"網絡社會"的誕生，這是一種史無前例的社會形式。由於有了電腦技術，世人破天荒第一次可以組織各種靈活的社會關係而不考慮領土因素。在所謂"訊息化時代"，經濟和政治的組織形式不再是等級森嚴、官僚機構化的龐大組織，而是鬆散隨意的橫向網絡組織。這樣一來，權力運用和資源分配的基礎就改變了：權力不再基於命令和服從，而是基於一種網絡組織，而這種網絡組織是具體而有特定目標的。是其中一員，還是游離在外 —— 網絡社會的這種內外之分的原則取代了剝削和壓迫，取代了社會階層的"上""下"之分，取代了地理意義上的"中心"和"邊緣"之分。在科司特所說的新世界中，聯網者和不聯網者之間橫貫着一條巨大的鴻溝。

這類闡釋，有時聽上去像是先知的語言。而另外一些人的觀點則比較低調，在他們那裏，"全球化"沒有被神化為一種能起歷史作用的力量，[10] 而是被理解為一個集合概念，用以描述一系列具體的轉換過程。比如在大衛・赫爾德 (David Held) 以及他的合著者看來，全球化乃是一些由來已久的、但並不一定持續進行的過程的結果。經濟、政治、文化和軍事方面的聯繫繼續依據其各自特有的能動性，具備各不相同的驅動力；它們的影響範圍也並不一定是疊合的。這些過程的作用因地而異、因時而異、因社會階層而異。由此看來，全球化是一種並非預設的 (可說是"事先註定"的) 過程，它並沒有取消國家、企業、教會、家庭之類集體組織機構，而是促使他們深刻轉型。這種全球化過程無可避免會產生一些零碎的反對力量。持類似觀點的還有兩位研究國際關係、但對歷史感興趣的學者：詹姆斯・N・羅森瑙 (James N. Rosenau) 和伊恩・克拉 (Ian Clark)。這些所謂"轉型主義者"(Transformationalisten) 認為，全球化是一種晚近的現象，但卻是基於由來已久的政治、經濟、文化和軍事方面的互動過程。

說到最後，少不了也要提一下那些對全球化抱持懷疑態度的人。但是不能把他們和有時極為好鬥的全球化反對者混淆起來。全球化反對者與其死對頭即全球化倡導者有一點相似，他們都堅信自己見證了社會和政治世界的巨變。而全球化懷疑者則不同，他們認為這是誇大其詞，有時甚至認為關於全球化的全部言論只是美國控制經濟的戰略披上了意識形態的面紗，或者只是崇奉新自由主義思想的商業精英和技術官僚的宣傳伎倆。比如保羅·赫斯特 (Paul Hirst) 和格拉姆·湯普森 (Grahame Thompson) 就認為，通常所見的全球化文獻也不過就是搜集了一些佚事、印象以及從聯繫中割裂出來的個別事實罷了，是想讓人們以為這些東西加起來就成了完整的全球化"現象"。赫斯特和湯普森專注於經濟方面，無力在大量例證背後發現這樣一種聯繫。

這也就再次提醒我們要注意提出概念的意義。誰要是認為，有效的世界市場、自由的世界貿易、順利的資本流通、遷移活動、跨國公司、國際分工和世界貨幣體系是全球化的徵兆，那麼誰就會發現，所有這一切早在 19 世紀下半葉全都有了。然而誰要是尋找"實時的"全世界網絡化，誰就會 —— 這點視性格而定 —— 或是將現在視為噴薄欲出的新時代而歡呼雀躍，或是憤而拒絕把這樣一種膚淺的診斷當做社會學最新的"宏大敍事" (master narrative) 來接受。所以，作為歷史學家卻去追問"全球化是甚麼時候開始的？", 或者 "18 世紀時是否已經全球化了？", 這就未免過於天真了。我們首先必須達成共識, 採用一種特有的、居中的、也就是不模糊但也不死板的 "全球化" 概念。這樣一種概念必須如同 "探照燈" 一樣射入往昔進行搜尋, 而不要在搜尋之前就預言結果。

二 全球化的各種維度

　　如果將全球化稱為最近幾十年才出現的現象，甚至稱為一個新的歷史時期的開端，那麼這種說法只有在把新與舊對立起來的情況下才有可能。如果相反，認為全球化乃是各種長期過程相互作用和彼此強化的結果，那麼我們就是在面對歷史分析的重要問題了。乍一看，似乎歷史學家迄今為止很少探討全球化問題；書名中出現"全球化"概念（又或者"全球的"這個形容詞）的歷史著作寥寥無幾。但是，這種判斷卻不太可信。難道，近代最大的發展過程之一是悄無聲息、不為人知地進行的嗎？當然不是。我們必須在別的關鍵詞下，在其他欄目裏尋找相關文獻。僅僅因此，就應該把"全球化"這一大得可怕的概念分解成各個方面。本章的第二節將會進行這樣的嘗試，但是在此之前，還得簡要地討論一下全球化概念在思想史和學術史中的定位問題。

1. 世界體系 —— 帝國主義 —— 全球歷史

儘管其先驅和創始者 (從孟德斯鳩到馬克思‧韋伯) 持普遍主義立場，社會學還是早就開始致力於以民族國家為界的封閉式社會研究了，比如德國社會、法國社會、日本社會等等，好像這些社會是可以乾淨利落地從宏觀關係中剝離出來似的。對此的批評基本上被置若罔聞。[11] 但後來在全球化的旗號下，遷移、全球通訊和世界經濟聯繫等不再只是專家們注意的現象了。認為社會是封閉、連貫、界限清晰、自成一體的觀點 —— 所謂社會"集裝箱"理論 (烏爾利希‧貝克，Ulrich Beck)[12] —— 受到了質疑。

歷史學家的思想轉變則較為緩慢，他們中多數人曾或依然是民族國家的歷史學家。儘管如此，還是有一些研究領域得到發展，其成果可用於對全球化歷史的考察。這些研究領域如下：

(1) "世界經濟"史。世界經濟史，尤其是國際貿易史，長期是德國關於經濟學、經濟史和經濟地理學的研究的重點。在過去的二、三十年裏，這個重點曾暫時退隱幕後，到現在才開始重新受到關注。1880 年後，歐洲開始新一輪殖民擴張，同時國際貿易和資本往來日益密切，當時的學者對這些進展已有相當內行的描述。1911 年在基爾建立、現在依然存在的世界經濟所成了此類研究的中心。在基爾以及其他地方進行的分析，如今仍是研究當時世界經濟關係的寶貴資料。有一項重點研究主要在曾是世界金融中心的大不列顛進行，它探討的是世界範圍的資本運動和跨國公司的歷史。

(2) 遷移研究。同樣，遷移研究也是從 19 世紀後期起就已經有了，它把人口學和社會史的課題和方法結合起來，試圖從統計和地理的角度把握遷移運動，關注移居國外的動機和起因（同時也沒有忽視強行遷離和暴力驅逐的現象），考察移民在新環境中的經驗。移民研究的重點之一是跨洋的長途遷移，研究得特別深入的大西洋奴隸買賣即屬此列。[13]

(3) 國際關係史。迄今為止，國際關係史（包括戰爭史和軍事史）大多或是研究兩個國家之間的雙邊關係，或是研究歐洲列強體系內部的發展。甚至對 20 世紀兩次世界大戰的描述，也長期忽視了其豐富多樣的全球關係。不過最近以來，越來越多的學者開始在其著述中研究超越大洲界限的系統性關係。[14]

(4) 帝國主義和殖民主義史。帝國主義和殖民主義史是全球化歷史的特別重要的基礎。如今在這一研究領域內，某些具有國際領先地位的學者宣稱要將"帝國史"擴展成"全球史"，[15] 這並非偶然。在德國，這一研究領域一直聚焦於德國殖民地的歷史，但在最近 20 年裏開始關注一系列新課題，比歷史學的其他分支更加接近"總體歷史的"(histoire totale) 的觀念。它從人種學 (以及文化人類學) 那裏受到啟發，從相鄰的"後殖民研究"關於文化身份形成問題的探討中，在很多情況下從"全球本土化"(全球在地化，Glokalisierung) 及其對歐洲中心主義的批評[16] 中，它也同樣得益匪淺。

上述四種研究領域，都不是唯一的關於全球變化的"宏大"理論。是否存在如此囊括萬有的學說呢？在 20 世紀 90 年代初期，也就是在"全球化"主題在社會科學中開始興起的時候，我們發現，尤其在英語地區，學者對"世界史"或者"全球史"產生了濃厚的興趣。[17] 如果要進行區別的話，那麼所謂"世界史"就是世界上各種文明的歷史，主要着眼於比較不同的文明，而"全球史"則是這些文明接觸和互動的歷史。全球史不是一種運用特有方法的獨立研究領域，同樣，它也不是一種內容上的教條。比如，它對一般人斷定世界將逐漸變成"地球村"的看法就表示懷疑，對認為近代史已經被充分描述為"西方崛起"

的觀點也持異議。[18] 我們可以將它視為相對於各民族歷史而言是一種橫向的、"對角線式"的提問,視為一種不僅僅從強權政治和經濟角度考察各個民族、國家和文明之間關係的嘗試。[19] 全球化的歷史作為一個可以相當精確地進行界定的過程,是從屬於全球史的次級問題,而全球史完全可以研究那些並非直接促進全球化的關係。

如果非要找到一種概念上的總體框架,那麼最終會發現"世界體系"的概念。從 1974 年起,美國社會學家伊曼紐·華勒斯坦 (Immanuel Wallerstein) 在一系列著述中提出"現代世界體系"的理論,連批評者也認為這是一項巨大的貢獻。雖然華勒斯坦迄今為止只是針對大約從 1500 年至 1850 年的時期提出了自己的學說。[20] 他對世界體系的分析尚未進展到對真正全球性的關係進行描述的地步,只是對源自歐洲的"資本主義世界經濟"的擴張的一種解釋。比如,華勒斯坦的研究還沒有涉及美國開始對世界經濟關係格局產生決定性影響的時期。

必須和這點分開來看的是以下事實:即使在剛性的理論框架之外,華勒斯坦分析方法的若干要素也被證明是行之有效的:1) 關於存在多級研究層面的觀點。研究層面從世界體系向下延伸至私人家庭,並不特別強調民族國家的層面。2) "納入"

(Inkorporation，吞併) 的構想。這是指將不斷擴張的資本主義世界經濟的外圍領域納入其中。對這種 "納入"，可以根據情況從地理和機構角度進行具體描述和分級。[21] 3) "半邊緣"(Semi-Peripherie) 的概念。這是指經濟 "核心" 和邊緣之間屬於變量的第三種位置。[22]

2. 網絡和互動空間

是否有這樣一條途徑：超越各種文明、各個國家互不聯繫的平行歷史，接近全球化的 (前) 歷史，但又不必馬上宣稱 "世界體系"(或社會學的相似創造，即 "世界社會") [23] 的存在？我們非要 "由上而下" 地鳥瞰世界不可嗎？難道我們就不能 "由下而上" 地構建世界嗎？其實不少社會學家和人種學家已經這樣做了，他們對互涉互動的網絡進行了追蹤，結果發現：即使似乎相互獨立的各個鄉村團體，也通過文化 —— 宗教交流、金錢往來或者婚姻被整合到了更大範圍的互動關係之中了。同時，個體在這類小規模群體中也已經參與了各種相互搭接但又不完全疊合的社會聯繫，所以我們也不能把這些聯繫理解為一個有空間邊際的社會 "整體" 中的各個 "部分"。不無悖謬的是，從個體行為的層面開始研究世界範圍的關係，而不是從世界作為一個整體的層面開始，這種做法看來似乎更容易成功。

因為我們要以這種方式從個人和群體之間可以觀察的互動出發揭示全球化過程，所以網絡將成為我們的核心概念之一。[24]事情本身並不是甚麼新發現。20 世紀早期的經濟學思想就已經把世界經濟描述成一種遍佈全球的、在"古老的文化世界"中尤其聯繫緊密的"網絡"，其中無數交織在一起的"網線使經濟實體，包括規模最小的、最不起眼的經濟實體，和數百萬其他經濟實體"相聯繫，從而人們"只能從世界經濟的角度理解和評價現代工業國和貿易國"的發展。[25]然而，基本的網絡分析所考慮的卻不是這種複雜的產物。相反，必須強調，並非任何一種有兩人以上參與的社會交往就構成了網絡，正如我們不能認為，一枚遠離其發源地的硬幣在某考古現場被發掘出來，它就是全球化的證明。網絡必須以一定的持續性和架構支撐為前提，不過即使如此，它也像曼威·科司特強調的那樣，是一種靈活的、並不非常穩固的社會組織形式。科司特認為，只是到了當代，由於新的訊息技術，人們才有辦法建立像等級組織那樣穩固的網絡，從而使其成為經濟和政治生活的支柱。[26]基於一種與此截然不同的出發點，即從國際關係理論出發，約翰·W·伯頓 (John W. Burton) 在上世紀 70 年代初便提出了世界範圍社會關係的"蛛網模式"。比如伯頓建議，不分政治畛域，在一張世界地圖上將所有電話通話、旅行線路和商品流通都標示出來。也就是說，伯頓的世界地圖描摹的不僅是領土和界線，而且是社會互動。由此展現出來的畫面與由衛星照片合成的"夜間地球"頗為相似，在"夜間地球"上看不到界線，躍入眼簾的只是高能源消耗的人類居住區的縮影。這就是伯頓所說的"交互作用世界"(Transaktionswelt)，只是在這裏，互動才濃縮成網絡、結構或體系。[27]

即是說，互動可以固化成網絡，而網絡也可以通過機構——這些機構往往像外交聯盟或國際商貿規則一樣，乃是政治意志的結果——而獲得穩定性。但是，正如任何將社會性事物空間化的做法一樣，網絡的設想也有一個缺陷，即會誤導人們將社會過程扁平化，低估等級制度和權力差異，忽視關係的深度和強度。[28] 網絡超越或者消除了現存的界限，但這並沒有阻止它設立新的界限。華勒斯坦 (Wallerstein) 堅持認為存在矛盾和衝突，而且核心和邊緣之間存在不平衡性，他的觀點在此能起糾偏作用。

互動很少是全球均衡分佈的。互動的密集化構成了互動空間。一方面，這些空間是由自然環境決定的，即使現在人們不再認為民族國家作為相關單位意義重大，不過對以往大多數時期而言，人們還是覺得互動和交流不是在全球範圍，而是在充其量可以限定、但不太可能明確界定的空間起作用的。當然這些空間往往幅員遼闊，可能包括大洲和大洋。全球化的歷史在很大程度就是建立這些互動和網狀空間的歷史，是其相互聯繫的歷史。[29]

用"網"來作比喻，卻不應讓人產生平庸乏味的印象，似乎一切都互相聯繫。互動是定向的。有些互動例如交換行為確實是雙向的、互動的，有些則未必如此。近代早期的跨大西洋奴隸買賣就是單向的，被販賣的非洲黑奴幾乎無人重返故鄉。但儘管如此，奴隸買賣是被稱為"三角貿易"的三大洲網絡的一部分。商品鏈，即所有進入某一產品的原料、中間產品（Zwischengüter）、服務的序列，初看起來是線性的。但是，由於許多這類鏈條相互作用，就產生了世界範圍的經濟互動空間。[30]只有基於實證數據支持的"聯繫結算"，才能確定這類互動空間，而在統計學出現之前的時代，對此只能大約估計罷了。

有些問題不斷被提出，尤其是關於互動的影響範圍和意義的問題。一個國家是像法國那樣幾乎沒有參與 19 世紀後期和 20 世紀早期歐洲向美洲的移民運動呢，還是像愛爾蘭那樣由於移民而損失了相當可觀的一部分人口，這兩者之間是有區別的。1914 年，土生土長的愛爾蘭人中有三分之二在國外生活。[31] 反之，在美國產生了大量的愛爾蘭"移民社群"，但那裏卻沒有法國"移民社群"（早先的法國移民社群產生於加拿大）。影響範圍和意義的標準也必須在一種直接的相互關係中來看：地區性的網絡一直是有的。但在全球化的進展過程中，影響範圍巨大（在極端情況下甚至遍佈全世界）的網絡的相對意義增加了。簡單說來就是：在某些人群的生活中，遙遠的事物變得越來越重要了。"中國製造"的產品比如瓷器或絲綢，對 1800 年前後的歐洲人來說無疑是奢侈品，而在今天則成了日常用品。

　　各種網絡化之間的區別也在於接觸的強度和速度的不同。在這方面，關鍵是擁有的技術手段，是組織——機構的前提，這些前提對技術的有效運用是不可或缺的。此外還要關注網絡化的媒介問題：還在運輸能力相對有限的情況下，思想的長途傳播，以及可用作經濟或軍事力量手段的鋼鐵的長途運輸，就已經能起到重大的作用了。病原體以及帶入或進口的動植物，甚至不需要人與人之間的直接接觸就可以建立起各社會之間的因果聯繫。[32] 德國的"美國化"在某種意義上並非始於 1945 年，而是在 18 世紀就隨着馬鈴薯的逐漸普及而開始的。

這些例子之間的區別還在另外兩個維度上體現出來：互動的長度和互動的頻率。通過有規律的重複，個別的互動可以成為固定的網絡，參與者之間形成了一種穩定的分工，形成了一種以互動夥伴的經濟需求和文化象徵系統為取向的格局。網絡可以在社會行為的不同維度上具有各自特有的範圍和功能。但是，網絡也有可能通過某一強大的政治核心而集中於某一地域，或者由於某種覆蓋一切的衝突而變得"統一"起來。[33] 功能會凍結，某些過程會折返。關係網絡斷裂了、縮減了、變得稀疏了，對關係網絡起穩定作用的機構弱化了，這些都是屢見不鮮的。去全球化 (De-Globalisierung) 不是未來的景象，而是在歷史上可以觀察到的現象。

總而言之，如果將全球化視為世界網絡的建設、密集化及其與日俱增的意義，那麼這個概念就喪失了靜態和合計 (totalisierend) 的特徵。現在的問題不再是"全球化"概念能否適當地描述當下世界的現狀。現在人們的注意力轉向了世界歷史，轉向了全球聯繫的建立和銷蝕、強度和作用的歷史。

3. 分期

最後來談談分期問題，也就是將發展劃分成幾個時間階段的問題。講述歷史時，分期是不可避免的。各種歷史過程很少以機械式劃一的方式進行，而是在時間上形成結構，通過加速和放緩、停頓和推動、浪峰和浪谷，通過革新的前後相繼、此起彼伏而形成結構。似乎只有歷史上發生重大政治和軍事事件的時間節點——如 1789 年、1914 年、1945 年和 1989 年——才會自然而然地成為"時期"之間的界線。但是，即使這類引起轟動的大事，也未必同時就是各個生活領域中的轉折點，這些生活領域不斷發展，其持續性超過了政治事件。因為全球化涉及許多生活領域，如經濟、技術、國家組織、文化只是其中最重要者，所以各種不同的分期就疊加在一起了。如此一來，要給歷史打上明確的時序烙印，談何容易。不過，任何一種有幾分根據的分期建議，都是可以商榷的；而這些商榷經常有利於我們對歷史的理解。我們的建議如下：

想當然地認為全球化已經延續了數千年，[34] 我們覺得這種看法是有問題的。但話又說回來，認為現代之前的社會只是小範圍的組織，只是建立在家庭、村莊或者至多某種城鄉關係框架中的自足經濟之上，這種觀點在今天同樣也站不住腳。在以往的歷史上，其實經常發生全球化起步，但後來總是又中斷了。因此不妨把這類起步看成是全球化的史前史。我們贊同伊曼威・華勒斯坦 (Immanuel Wallerstein) 的觀點，將始於 1500 年前後，葡萄牙和西班牙殖民帝國建立的全球化再次起步，視為原則上不可逆的全球網絡化的開端。由於發現之旅和頻繁的商貿關係，歐洲、非洲、亞洲和美洲首次開始直接接觸，到 18 世紀中期形成了一種穩定的、多邊的相互依存關係。

18 世紀中期，至少在經濟上穩定的、具有極大潛力的跨大洲網絡建立起來了。我們認為下一個階段約從 1750 年持續到 1880 年。這一階段最重要的現象是，在工業革命創造的生產能力、運輸能力和通訊能力的影響下，世界經濟的聯繫達到了前所未有的密度。與此同時，歐洲在政治上返歸自身：殖民帝國的結構在美洲分崩離析，只留下一些微不足道的殘餘；"世界經濟的誕生" 這一過程，是在漸成氣候的自由貿易的條件下進行的。同時我們可以看到，歐洲的機構 —— 其中包括 "民族國家" —— 以及歐洲的 "西方" 思維方式走向了世界。19 世紀 60 和 70 年代，真正全球性的相互依存關係第一次開始在經濟領域起作用，這些關係中有些甚至能相當精確地以統計方式加以證明。

1880 年後，全球化開始政治化：如今以民族國家面目出現的社會試圖在政治上圈定世界經濟網絡影響的範圍。對外，世界經濟被視為世界政治，視為民族國家力量的職能。不久，"世界列強"之間就產生了矛盾，宣佈了經濟"去全球化"時代的到來，同時宣佈了世界危機和世界大戰時代的到來。隨着這個時期告終，1945年後，人們在兩個相互競爭的權力集團中，依據兩種相互競爭的模式，開始有意識地努力建立一種較好的世界秩序。一方面產生了某些結構，當前的全球化也是在這些結構中發展起來的，尤其是通過去殖民化、跨國公司、發展援助政策、消費社會等等發展起來的。另一方面，一種新型的全球化更明確地顯現出來了：核武器有可能毀滅世界，超越邊界的環境問題逐漸變得清晰，世界遂成了休戚與共的命運共同體。被有些人稱為世界經濟黃金年代的時期會在何時結束，眾說紛紜，但我們無意去斷言。我們對這一時期的描述可以延伸至上世紀70年代。但有一點是明確的：1989-1991年蘇聯集團的崩潰並非突如其來地導致了一個全新世界的誕生。這種崩潰本身在很大程度上就是全球化的結果，而可以斷定的是，這些全球化力量在上世紀70年代就開始起作用了。

三　至 1750 年：世界網絡的建立與鞏固

1. 異地貿易、大帝國、普世教區 (Ökumenen)

　　1974 年，伊曼威·華勒斯坦從歷史 —— 理論角度勾勒了 16 世紀一種"現代世界體系"的誕生。此後有人提出異議，認為類似的世界體系古已有之，某些學者甚至打算上溯至 5000 年前。[35] 這種批評有其政治背景，即要推翻華勒斯坦的所謂"歐洲中心主義"。因為説到底，華勒斯坦確實講述了 (這點他自己也不會否認)"西方崛起"的歷史，而正是這段歷史使人們對近代歐洲的獨一無二性深信不疑。但是，如若説明在過去一直有各種各樣的世界體系興衰起落，那麼就很難再認為歐洲 —— 大西洋的近代扮演着不同凡響的特殊角色了。

在這場幾乎是鑽牛角尖的爭論中，其實不必表明立場也會承認，它使得人們開始重新注意到近代之前各歷史階段中的大範圍整合現象。這種整合能以不同形式進行，其中最重要者有三：

第一種形式是若干較小的政治單元（起初大多是被迫），整合成一個大帝國。在此類大帝國的形成過程中，較小的政治單元：王國、部落聯盟、城邦等融合為一個較大的整體，其標誌是：(a) 整個帝國的統治等級制度，多以君主（皇帝）為首，(b) 可在大範圍內動用的軍事機構，(c) 帝國中心以象徵手段提出的要求，即強調自己必須成為所有已知文明的中心。儘管此外還有文化的"黏合劑"維持一體性，但大帝國就其根本而言乃是中央集權的強制性聯盟（因而也就永遠不會是"網絡"）。一旦帝國中心的武裝力量不再強大，就會存在這樣的危險：帝國的某些部分試圖分裂和獨立，強鄰大舉入侵並佔領邊疆地區。

整合的第二種形式是宗教的普世教區 (kumenen)。大帝國和普世教區可能是大致疊合的，不過這種情況絕非常態。一般而言，宗教流傳的地區要比任何與相應宗教相聯繫而形成的政治軍事聯盟大得多。基督教、伊斯蘭教、佛教的範圍不以政治界線來劃定。只有在中國，政治地理和世界觀地理才是更可能疊合的。在世俗力量發展的各個高峰期，中華帝國基本上也就是上等階層奉行儒家道德學說（在此，"道德學說"這一措辭比"宗教"更為合適）的地區。然而，儒家學說也波及了日本這樣的鄰國（不過從未在那裏成為主宰的力量），儘管後者從來不曾對中國皇帝俯首稱臣。

所以一般而言，普世教區是由眾多政治單元構成的。這些政治單元並不一定始終和平相處，歐洲近代史中，也有奧托曼帝國和伊朗這兩大伊斯蘭國家的百年之爭為證。反之，一個帝國也不一定基於這樣一種宗教：它並不是只限於本地的教派，而是一種普遍的宗教，具有原則上無限的有效性要求。例如，13 世紀蒙古人的世界帝國就沒有這樣一種"高等"宗教。蒙古帝國的壽命相對較短，這也是原因之一，它的"意識形態"凝聚力太弱了。假如僅僅以共同的信仰為基礎，宗教的普世教區就是虛無縹緲的空中樓閣。宗教的普世教區並不只是"想像的共同體"。要保證穩定的統一，還有兩點不可或缺：一是以神聖中心為方向的流動性，即朝聖（朝聖往往要求長途跋涉）；二是特定儀式規則和人生實踐規則的大範圍約束性，換言之，要有一系列義務，並且超越地理界限甚至語言界限去履行這些義務，被視為是理所當然的事情。比如，在伊斯蘭教世界，各地的信教者都會在規定時間祈禱。宗教的普世教區經常也是 —— 但並非始終是 —— 通過學習聖經和可蘭經之類"神聖"典籍而維持統一的。中央集權的教會組織,其神職人員的等級制度在一定程度上並不依賴於世俗權力,這絕不是通常的情況,而是羅馬天主教的一種特色。

整合的第三種形式是異地貿易聯繫。人們猶豫不決,不願把這稱為"網絡",儘管當時確實存在這種網絡。貿易通道,如中國和地中海地區之間的絲綢之路,阿拉伯半島和印度之間的海運航線,或者頻繁來往於近東和北非之間的荒漠商隊行經的路線,有時使相距遙遠的文明中心之間形成持續性的聯繫。在這些通道上,人 (經常還有奴隸)、貨物、錢幣、藝術品和各種思想觀念來來往往。歷史學家們不久前才在世界上許多地方發現了這種豐富多彩的流動性。如果說,在過去很長時間裏,靜止的農業社會是社會規範,那麼今天人們發現,無論在甚麼地方,接觸、轉換、交流都已經達到了如此程度,以至於不能再稱之為邊緣現象了。即使從歐洲古典時代到中世紀的過渡階段 (約公元 300 到 900 年),即常被人描述為萎縮和蠻化時代 (英語中稱為 Dark Ages,"黑暗時代") 的那個階段,近來也被說成是具備一種充滿活力的交通和商貿關係的新格局了。[36]

最後，人們也許還會想到大範圍整合的第四種形式：人類大規範的移居，通俗地說就是民族大遷移。考古學、人種學、還有最近對歷史學家幫助極大的一門相鄰學科即歷史發生學 (historische Genetik) [37]，不斷發現這類有時跨越數千公里的陸上或海上大遷移的新痕跡。史前史 (或許從公元前 70000 年開始) 的從北亞向美洲的移居活動，約公元前 1500 至 800 年間始於馬克薩斯群島的、通過高度流動的航海者群體實現的東太平洋群島殖民化，約公元前 500 年至公元 1000 年間尼日爾 —— 剛果地區說班圖諸語言的民族向東、西、南方向的擴張，這些都是著名的例子。但這些遷移很少導致持續性的、大範圍的結構形成。人們背井離鄉，不會重返家園，和可能留守者也沒有或者只有很少的聯繫。這些遷移也不是有組織有規律的，不同於近代初期的跨越大西洋的黑奴買賣。所有這些，都使早先的民族遷移有別於 16 世紀起的民族遷移。而全球化旗號下的移民史，是隨着後者才開始的。

縱覽始於 1500 年前的千年世界史即漫長的中世紀史，就會注意到兩次大範圍的整合。如果為簡便起見而以世紀為計算單位，那麼可以說這兩次整合分別發生在 8 世紀和 13 世紀。

第一階段最重要的發展是在阿拉伯沙漠邊緣地區，一種新的一神教誕生了，並開始進行軍事擴張。800 年，即先知穆罕默德建立伊斯蘭教後不到二百年，一個西起安達盧西亞 (Andalusien)、東至今烏茲別克斯坦的撒馬爾罕的廣袤地區處於穆斯林軍事貴族的統治之下。儘管政治上的碎片化 —— 充其量在 800 年前後的幾十年裏，某種類似統一帝國的狀態 (以巴格達為中心的阿拔斯王朝哈里發轄區) 才使這些政治碎片聚攏起來，新的普世教區的統一還是非常穩固的。除了西班牙之外，當時被伊斯蘭化的地區直到今天都屬於穆斯林教區 (umma)，即由宗教維繫的穆斯林世界。大約在同時，東亞也有一個大帝國獲得了新生，它的輪廓也是至今清晰可辨。中國的唐朝幾乎在同樣大的範圍內重建了 220 年滅亡的漢朝的帝國，東起黃海，西至離塔什干不遠處。唐朝皇帝治下的所有地區，今天幾乎都屬於中華人民共和國的領土。

這兩種文明在文化上截然不同，當年同為力量無比強盛的陣營。這兩種文明之間有甚麼關係呢？這個問題很有意思，原因也在於這兩種文明經歷了相似的甚至共時的發展。兩者都是在軍事佔領之後經歷了城市文化和商業貿易的繁榮。[38] 儘管如此，它們之間的聯繫只是 8 世紀 50 年代在中亞短暫的軍事對峙而已。中國古代發明的紙經由撒馬爾罕和巴格達傳到歐洲，除此之外，兩者之間不多的關係都沒有產生轉型的作用。[39] 這些無論在軍事上還是在經濟上都是全球最強大的中心依然各自為政。

中世紀的第二次大範圍整合，並不是簡單地重複第一次的模樣。當中的推動力還是來自邊緣 —— 正如伊斯蘭教當初是在拜占庭帝國的邊緣誕生的一樣。將近 600 年之後，中華帝國的北方草原上在短時期內就形成了蒙古遊牧民族的騎兵力量。由成吉思汗在 1206 年首次統一的蒙古部落開始擴張，東至朝鮮，往西逼近維也納和大馬士革，向南則到印度尼西亞半島。通過這些踐踏一切的征伐，1259 年後總算形成了一種鬆散的帝國聯盟，直到 1368 年蒙古人被驅逐出中國才開始逐漸衰亡。

基督教、中國、阿拉伯—波斯的犧牲者和反抗者的編年史，當然對蒙古人沒有甚麼好評。今天的歷史學家則以區別的態度進行歷史判斷，他們強調指出，由於歐亞地區“在蒙古帝國統治下的和平”(Pax Mongolica)，當時人們享有極大的旅行自由和貿易自由。歐洲傳教士甚至第一次到了東亞，不過他們勸人皈依的工作並未取得值得稱道的成就。如果把西歐和印度 —— 東南亞興旺的異地貿易以及地中海地區十字軍騎士和沿海共和國的擴張主義也考慮進來，那麼就不難發現，遷移和流轉空間在 13 世紀已達到前所未有的廣度。[40]1330 年前後，鼠疫從中亞傳到中國的若干大城市，並在以後的 20 年裏波及葡萄牙、摩洛哥和也門，這種傳播在相當程度上也是流動日趨便利的後果。就這樣，騎兵和微生物使得歐亞首次開始共患難了。[41]然而，這類遠距離的影響鏈條並沒有直接導致人們建立起囊括全球的結構。蒙古人雖然開闢了空間，但對在新闢空間發現的政治和文化機構的態度卻充其量是寄生性的。蒙古人的統治幾乎在任何地方都沒有提供建設性的推動力 —— 正如近代後期的各種全球化霸權一樣。

無論是可怕的蒙古風暴，還是阿拉伯世界、基督教—拉丁語世界、中華世界的神學家和哲學家的普遍思想體系，都體現了歐亞"中世紀鼎盛期"的開放性。大約在 14 到 16 世紀期間，這種開放性逐漸減弱，取而代之的趨勢是已經存在的單元之內的整合和單元之間的區分。中國作為亞洲海洋大國有 400 年之久，喪失這一地位則是在 1430 年前後，即大明王朝面對再度強盛起來的蒙古人不得不長期退守的年代。對此後近 300 年而言，中國的擴張結束了。中國通過日益儀式化的"朝貢制度"與外界互動，朝貢制度不斷以象徵方式證實皇帝為天下之主的地位，此外也起着維護現狀的作用。到了這時，中國才成為與世隔絕、但儘管在內部完全具備變革能力的"中央帝國"，17 世紀的西方觀察家認識的就是這樣封閉的中國。在政治上始終不依賴於中國的日本則走得更遠。1600 年左右統一政權後，日本減少了在東亞地區的海外貿易、放棄任何外交直至 19 世紀中葉。除了對中國人、朝鮮人以及少數受到嚴格監視的荷蘭商人之外，這個島國幾乎是完全封閉的。[42]

在歐亞地區的西部和南部，可以看到一種充滿矛盾的發展。[43] 一方面，教會分裂和宗教戰爭導致基督教普世教區的內部危機，另一方面，相鄰的基督教和伊斯蘭教文明之間比以往更加涇渭分明了。在西班牙，穆斯林遭到驅逐和排擠。穆斯林的奧托曼帝國在西南亞崛起，摧毀了東正教的拜占庭帝國，從地緣政治的角度來看，可以說是繼承了拜占庭帝國的遺產。在十字軍東征時期，黎凡特地區發生了武裝衝突，如今戰火燒到了巴爾幹半島。貝爾格萊德成了阿斯曼帝國北部前哨（直至1867 年）。在一個始終劍拔弩張的時期，基督教和伊斯蘭教對彼此的興趣較 13 世紀時明顯降低了。兩大宗教的普世教區相互封閉，比起中世紀鼎盛期有過之而無不及。在歐洲逐漸建立起來的東方學（而在伊斯蘭世界卻沒有相應的"歐洲學"）也無力緩和在宗教和強權政治方面的敵對氣氛。但在經濟上，歐洲和近東、中東國家要比當時的中國和日本外向得多。從古典時代開始，地中海及周邊地區就有縱橫交錯的貿易通道，穿越阿爾卑斯山進入黑海地區，或者延伸至非洲撒哈拉大沙漠以南。通過異地貿易的整合過程不斷進展，並越來越多地受到全部地中海地區經濟狀況的影響。

同時，帝國整合模式也捲土重來了。無論在伊斯蘭文化圈還是在基督教文化圈，再也無法設想採取一種涵蓋萬有的"普天下君主制"(Universalmonarchie) 了。而其反面，即小範圍的政治分裂，同樣也必須避免。中歐、意大利、南印度、馬來亞在政治上還是碎片化的 (這對那裏的居民來說並不一定有害)，但除此之外，一些大範圍的統治單元形成了。這在東方就是一些由武士貴族所創的多民族帝國。在攻城略地和建立帝國時期，武士貴族以強大的君主為首，他是軍事領袖，同時也必須履行民事組織者的職責。這一類帝國中，最早的是奧托曼帝國，於 1500 年前後發展成形。在此後的幾十年間，隨之而起的是薩非王朝的波斯帝國和北印度莫臥兒王朝的帝國。莫斯科帝國，即後來羅曼諾夫王朝橫跨歐亞的龐大帝國的雛形，從很多方面來看還有哈布斯王朝以維也納為統治中心的帝國，也屬於這種政治形式，它並不一定要以伊斯蘭教為基礎。所有這些帝國都創造了相對統一的經濟空間,並跨越邊界參與異地貿易。邊界很少是明確劃定的,這些帝國在邊緣地區推行一種聯盟外交。異地貿易大多掌握在專門以此為業的少數民族(如希臘人、亞美尼亞人和印度襖教徒)手裏,他們不屬官方規定的宗教,但能享受國家保護。

在此期間,西歐的一些國家也鞏固下來。它們不是通過外來的侵略擴張,而是由中世紀君主國發展而來,在宗教和人種上的同質性使它們有別於多民族帝國。英國、法國、西班牙是這類"領土國"典型代表,普魯士王國則在 18 世紀早期加入了這一行列。歐洲的特點是,17 世紀被稱為三十年戰爭的那場巨大的危機導致了一種新的整合形式:獨立國家的自設規則的"制度"。和平不是在手握重兵的君王強制下,而是通過大家的共識而實現的。但是也不能不看到,1648 年精心策劃的"威斯特法倫和約"事實上沒有給歐洲大陸帶來多少和平。而在普天下君主制發揮作用的地方,比如在中國,內部和平就能得到更好的保障。

2. 火藥帝國和海洋空間

按照人們的一貫想法,威斯特法倫和約只是為了穩定中歐局勢。它並非世界和約，甚至都不包括歐洲國家的海外領地。1650 年前後，這些領地已經使地球上的各種聯繫根本改變了。可以預見，歐洲人之間在"邊緣"產生的衝突長遠看來必定對歐洲產生反作用。通常的分期方法將 1450-1500 年前後視為重大轉折期，視為"近代"的開端。近來人們開始懷疑，這種分期並不適合於歐洲，對世界上的一些廣大地區比如東亞也不合適。儘管如此，從全球史的角度來看，這種分期的合理性仍然獲得了不少證實，主要體現在以下五方面：

(1) 1498 年，達·伽馬首次完成了從葡萄牙經非洲南部到印度的航海之旅。如今對這次處女航行的評價不如以往高了，因為人們對早先橫貫印度洋以及歐亞大陸的經濟接觸有了更多的瞭解。印度並非像美洲那樣是被突然"發現"的，並非歐洲人首先開闢了跨洋貿易的航線。但有一點依然是正確和重要的：在短短幾年之內，葡萄牙武裝船隊在從莫桑比克到馬六甲的海域建立了歐洲的據點，這是史無前例的壯舉。葡萄牙人並未建立領土意義上的殖民帝國，也從未對大量亞洲人口實行統治，但卻以其特有的軍事化"皇家資本主義"(Kronkapitalismus) 方式進入了當地人的商貿網絡，在亞洲沿海建立了國外代理的網絡。從 1557 年起，甚至華南沿海的澳門也被納入了這張網絡，作為東方前哨。如此一來，歐洲人就一勞永逸地打開了通往亞洲的大門。

(2) 至於 16 世紀的第二個重要發展過程，上文已經提及：在伊斯蘭普世教區範圍內建立了帝國。我們必須認為，這與歐洲早期的擴張直接相關。近代早期歐洲人的首批海外帝國，亞洲的那些以內陸為中心的帝國，差不多是在 16 世紀同時產生的，或者 (如阿斯曼帝國或中國的大明王朝) 在那時進入了發展的成熟期。哈布斯堡王朝卡爾五世的西班牙軍隊征服了墨西哥的阿茨特肯帝國，而恰恰在這時，奧托曼帝國開始了對基督教世界的侵略擴張。在某種意義上，是奧托曼帝國在地中海地區的壓倒優勢將歐洲推向了海外。與其說“歐洲擴張”，毋寧說主要是整個歐亞地區的一系列擴張過程導致了較大的政治單元的誕生。這些擴張過程的共同點是新的火炮技術被迅速傳播。在短短幾十年裏，火器及其製造者和使用者從歐洲越過政治和文化的界線，進入了亞洲的幾乎所有角落。[44] 德意志和匈牙利的炮兵幫助奧托曼帝國在 1453 年攻佔了君士坦丁堡，1526 年莫臥兒王朝的佔領者巴伯爾打敗德里蘇丹的軍隊，其時炮兵已成了克敵制勝的決定性力量。1519-1521 年佔領墨西哥時，西班牙軍隊的毛瑟槍和大炮裝備也是一個重要因素。軍事技術的革命不是這些同時發生的擴張過程的唯一原因，但卻是一種源自歐洲的普遍擴散的原因。16 世紀的帝國無一例外，都是"火藥帝國"。[45]

(3) 歐洲人在亞洲進入已有的商貿網絡，參與在他們來前就已開始的權力遊戲，而他們在西半球的擴張卻依據另一種完全不同的模式。常用的總括概念"歐洲擴張"很容易掩蓋這一區別。1492 年發現美洲之後，當地的政治結構立即遭到破壞，或者在空間意義上被排擠到了"荒野"，這就導致殖民者在美洲幾乎不必去和土著居民達成妥協。[46] 那裏的政治是"白人政治"，歐洲移民帶來了自己的風俗、機構、語言和信仰，建立了新歐洲的分支社群。這樣做的前提條件在 16 世紀就形成了，到了 17 世紀，這些分支社群無論在哪裏幾乎都達到了不可逆的穩固程度。

(4) 其他生命形式也隨着首批歐洲人進入了新世界。病原體被無意中帶了進來，而美洲居民對此毫無免疫力。歐洲人輕而易舉地征服了新大陸，原因頗多，其中最重要的原因就是天花，這種可怕的傳染病使得當地居民人口大幅減少。植物和動物也往返於大西洋兩岸。無論在歐洲還是在美洲，植物界和動物界都發生了改變。新世界——就像 18 世紀後期的澳洲一樣，開始與已存在數千年的歐、亞、非生物繁衍區接軌，而舊世界則得益於美洲豐富的物種，得益於美洲居民的馴化成就。對此不可能逐一列舉、精確統計。新的農作物如歐洲的玉米和馬鈴薯等，改善了許多社群的基本生活條件，新的害蟲則起着相反的危害作用。美洲的植物不久也出現在亞洲和非洲：高產的稻種以及花生和可可獲得了不同尋常的經濟意義。有些社群努力適應新的機遇，以至於本身的特色喪失殆盡。例如密西西比河以西廣闊平原上的原住民便是如此。西班牙人使他們知道了馬，法國人使他們知道了火器。有了馬，人們才能和狂奔的水牛群比拼速度。北美洲中部草原印第安人特有的馬牛文化就是這樣產生的。[47]

(5) 1500 年前後還有另一項影響了全世界的發明，這就是印刷術。在中國，人們在幾百年前就知道以木板印刷的方式來複製了。有了它，負有治國之責的上層社會的文字、文化便有了極強的連貫性。歐洲文明中活字印刷術的發明，使得關於新發現和新開拓的海外地區的情況能迅速地在歐洲廣為人知，反之，關於歐洲"知識社會"的與日俱增的訊息也能傳播到四面八方，就像到處遊弋的歐洲輪船一樣。對歐洲人來說，這是一個突出的優勢：比起手寫文化來，古騰堡的印刷術使他們更容易建立潛在的無界延伸的交流空間。

近代又稱新時代，"新時代新在何處"？從全球化歷史的角度考察一下近代的開端，這個著名的問題就不難回答。美洲的發現和殖民，歐洲商人和士兵向印度洋和太平洋的進軍，"生態帝國主義"，以及軍事和通訊技術的"革命"，這些都為拓展現有互動空間和建立新的互動空間創造了前提。

大西洋就是一個新的互動空間。[48] 唯獨在大西洋上，歐洲人沒有競爭者或敵手 —— 不同於東方的大海，那裏的阿拉伯人、中國人、馬來人（還有其他人）是經驗豐富的海商和海盜。從航海角度而言，大西洋本來就不難制服，所以從哥倫布開始，大西洋無可置疑地成了歐洲的海洋，那裏只有歐洲人在內鬥。沒有任何一座港口城市是需要經過艱苦的談判才能進入的。在內陸國家也沒有遇到甚麼抵抗。即使那裏最複雜的國家組織，阿茨特肯帝國和印加帝國，也在西班牙人進攻下迅速瓦解了。歐洲人幾乎沒有遇到過像樣的對手，沒有人能遏制他們的野心。在歐洲人眼裏，美洲從一開始起就是一片具備"無限可能性"的大陸，一個可用來大展殖民宏圖的空間。因而只有在那裏，近代早期的一種最有抱負的社會技術試驗 —— 奴隸種植園 —— 才能實現。奴隸種植園在 16 世紀 80 年代取得突破，在 1680 年後的約 150 年裏達到全盛。[49] 在其最重要的所在地，即加勒比海群島、巴西、北美東南部，種植園成了佔統治地位的社會機構。種植園為購買力逐漸變強的歐洲市場生產糖和煙草，也離不開源源不斷到來的非洲黑奴。[50] 奴隸買賣在非洲大陸西部深深地扎根，在某些地區成為一種重要的經濟因素。準備好奴隸，然後把他們賣給英國、荷蘭、葡萄牙或者法國的船長，這種行當是一種由無數戰爭組成的網絡，非洲大西洋海岸的早期近代史就是由這些戰爭決定的。大約從 1600 年起，在這裏也能體驗到"火藥革命"了。[51] 反之，在美洲的幾次奴隸叛亂，讓人想起非洲的作戰方法。

跨大西洋的奴隸遷移是一種具有全新規模和強度的網絡化現象。這是一種持續的、有規律的大宗貨物運輸 (1450-1870 年間，約 1200 萬非洲人活着抵達大西洋彼岸)。[52] 與傳統的、通過船運或沙漠商隊在歐亞進行的異地貿易不同，它並不是把現存的各個文明中心聯繫在一起，而是本身在與新型社會組織和政治組織的緊密聯繫下問世的。在各種起推動作用的力量和利益中，最重要的是西歐的貿易資本主義——從地理上說也就是"第三者"。大西洋奴隸貿易形成了影響鏈，把安哥拉的村莊和巴西的甘蔗種植園聯繫起來，然後又將這兩者與歐洲的品茗沙龍聯繫起來。它和相鄰的市場體系，比如"東方的"、中東伊斯蘭地區的奴隸買賣以及美國內部的奴隸買賣，時有接觸。

還有其他一些涉及面廣的商業聯繫：荷蘭人和英國人的大商行從東亞、東南亞、南亞進口香料、精美織物、茶葉到歐洲；當地人在加拿大和西伯利亞捕獵，所得毛皮經過無數中介人，最後在歐洲或者中國找到最終的買家。首次真正環球的貿易網絡化，是通過在美洲西班牙語地區開採的白銀實現的。[53] 白銀先是流入西班牙錢庫，然後又從那裏流向所有和西班牙保持貿易關係的人，無論是歐洲人還是東方人。還有第二條路，就是借助那些不經常、但還算有規律航行的馬尼拉大帆船，將白銀從墨西哥和秘魯運抵西班牙殖民統治下的菲律賓，然後再用來在中國採購絲綢。白銀流入了通常很難滲透的中國經濟，這現象在 18 世紀尤為常見，促進了中華帝國持久的金融化、商業化和普遍繁榮。[54] 貴金屬的流動是首次環繞地球的"流動"。

3. 網絡中的缺口

對大約 18 世紀中期之前的那個時代而言，是應該強調日益網絡化的預兆，還是應該強調網絡中的缺口，彷彿這是全球性的缺陷？對這個問題，我們不可能基於關於事實的知識，只能通過對這些知識的權衡評價作出明確的回答。在此要指出的是時代趨勢的矛盾性。

　　一方面，以傳統形式如大帝國、普世教區、鬆散的異地貿易網（其近代形式是"貿易帝國"）實現的那種大範圍的、但尚未達到全球規模的整合，與其説是削弱了，毋寧説是加強了。　只不過世界的整合非常緩慢。儘管在一些文明中，城市開始繁榮，在文化上也越來越自信和創新的大商人環境開始形成，就像費爾南德・布勞德爾（Fernand Braudel）生動地描述的那樣；[55] 但是，比起本土本地的生產和消費，跨越邊界的異地貿易依然無足輕重。世界上只有少數幾處地方——首先是荷蘭——的財富來自這種異地貿易。在美洲的奴隸社會之外，主要依賴出口的經濟生產寥若晨星。經濟危機還不會在國與國、洲與洲之間蔓延。經濟上尚未網絡化，這在當時還不是嚴重的問題。自給自足的經濟，對一些發展得還不錯的大區尤其是日本和中國而言，簡直就是一種自然狀態。如果説在鄰近的大區也有相似的發展趨勢，那麼這首先不能歸因於擴散（最重要的例外是火器的擴散）和連鎖反應，而是應該歸因於普遍有效的框架條件，比如氣候的改變（人們推測約發生在 1450-1850 年期間的"小冰河紀"即為一例）或者人口發展的基本趨勢。這些框架條件的作用壓倒了只在本地有效的機制，不需要不同群體之間的直接接觸。

世界一如既往是多中心的。西歐成了大西洋世界徹底轉型的起始點。然而，大西洋西岸新開發利用的殖民邊緣地區是否為歐洲的逐漸繁榮作出了決定性的貢獻，卻是大有疑問的。[56] 把話說白一點：英國成為工業革命的國度，並不是因為它在加勒比海有個產糖的小島向孟加拉人收稅。在經濟上，歐洲還不是毫無爭議的地球主宰。歐洲的政治模式充其量只能輸往自己的殖民地。要使這種模式長期有效，移民就必須像在 18 世紀 60 年代後英國在北美的殖民地那樣，以老歐洲原則的名義起而反抗歐洲殖民政府。只有一位著名的統治者在 1800 年前試圖目標明確地、自願按照選擇的西歐榜樣改革自己的國家，他就是歐羅斯沙皇彼得大帝。除此之外，"西方"的示範效果暫付闕如。反之亦然，在歐洲知識分子的中國熱達到高峰時，即在 1700 年前後的幾十年裏，雖然有些人相信可以向中國學習和平政策和理性治國，但是這些建議卻未能付諸實施。在歐洲富裕階層的日常生活裏，帶有異國風味的物件和來自殖民地的產品變得越來越重要，它們理所當然地帶有文化意義，養成喝咖啡的習慣或在宮廷花園裏建中國涼亭，就意味着有意識地置身於世界。而廣大民眾接觸這些來自遠方的消費品，則要等到 18 世紀下半葉，其時，茶在英國開始成為大眾飲品，對能使茶變甜的糖的需求也扶搖直上。

同樣，在近代早期，精英文化關係的發展也遠比後來的 19 世紀來得緩慢。只有歐洲文明將旅行者送往世界各地，積累了關於其他地方的語言、宗教、風俗習慣和政體國法的豐富知識。這是一項重要的文化成就，使歐洲掌握了許多後來可用於殖民統治的知識。而對方對外界的興趣則相對較小。1750 年前後，中國人，甚至伊斯坦布爾的蘇丹宮廷，對歐洲的瞭解都遠遠不如歐洲對他們的瞭解。幾乎談不上有甚麼文化互動。造訪歐洲的亞洲人寥寥無幾，僅僅出於這個原因，由東向西的文化傳播就是微不足道的。除了在美洲的西班牙殖民地以及在菲律賓之外，基督教兩大教派的傳教活動幾乎到處碰壁，乏善可陳，雖然耶穌會確實在跨大洲的範圍內實施其宏偉的傳教計劃。在伊斯蘭世界，傳教活動從一開始起就毫無勝算。在日本，傳教活動在 17 世紀初就戲劇性地失敗了。在中國，使大批民眾皈依基督教的努力也未能成功。比較成功的是伊斯蘭教，它從 15 世紀起就在東南亞大部分地區、非洲東海岸、撒哈拉沙漠以南的走廊地帶傳播。擴張的手段與其說是以 "火與劍" 建立龐大帝國，不如説是進行異地貿易，因為伊斯蘭化一直是從阿拉伯人經商的沿海根據地開始的。各種宗教的神職人員和學者之間的對話，就像 16 世紀 70 年代莫臥兒王朝的皇帝巴伯爾在其宮廷裏組織了的那樣，在別的地方再也不曾有過。[57] 各種普世教區未能在一個更高的層面上合併起來。不寬容態度和宗教迫害是極為普遍的現象，尤以在基督教國家為甚。

在中世紀即伊斯蘭學術的鼎盛期，各種文明之間的科學交流可能比後來的幾個世紀更加密切。中國人對歐洲的天文學一時頗感興趣，但最終還是沒有接受它和它帶來的所有後果。歐洲人最多是在他們的殖民地從當地人那裏學到了一些關於語言、地理、植物分類的知識。

人們是在甚麼時候開始具有全球意識的？在今天的全球化理論家看來，全球化意識説明一個新時代露出了曙光。但是，我們必須區別來看。如果在世界最偏僻的角落也能看到電視轉播的某位歐洲王子的婚禮，那麼這當然是一種比較原始的全球意識，還比不上某人為保護地球臭氧層而購買無害雪櫃時體現出來的。全球性的責任感是以現實的效應聯繫為前提的，而在近代早期，這類效應聯繫尚不存在或者尚不為人所知。

但是在這一階段裏，全球性的世界觀卻成為了一個可能，它在歐洲知識分子中間產生，暫時局限於西方文明。是西方文明率先接受了大地是圓球的觀念。1519-1522 年，費迪南德·麥哲倫 (Fernão de Magalhães) 通過首次航行全球證明了這一點。經過幾個世紀的旅行、殖民以及孜孜不倦地報道異域風情，到了 1770 年左右，學者和有文化教養的人幾乎對世界各地瞭如指掌了，只有澳洲、新西蘭、非洲的腹地和北美的西部尚未了然。地圖和海圖的製作技術迅猛發展。人們在撰寫世界史時開始注重實證性，即不再只是依靠推測。諸如此類的現象此時只出現在歐洲，只不過歐洲人還不像後來那樣堅信自己的文明優於其他文明。國際法 (這是 17 世紀歐洲人的發明) 起先只用來處理歐洲列強之間的往來，然而伊曼努爾·康德這樣的思想家已經察覺了一種真正的世界和平秩序的必要性 (《論永久和平 —— 一項哲學性規劃》，1795 年)。蘇格蘭、英格蘭和法國的一些普世教區開始認為世界是一個相互聯繫的經濟空間。首次譯自東方語言的著作使歐洲公眾得以瞭解東方文化。只有 18 世紀的日本表現出一種和歐洲人有幾分相似的、對外界的興趣，不過也沒有派出人員周遊世界。

四 1750‑1880 年：帝國主義、工業化和自由貿易

1. 早期的世界政治和大西洋革命

歷史學家常稱 18 世紀下半葉發生了"雙重革命"，這也意味着人類進入了"現代世界"。一是工業革命，約於 1760 年起源於英國；二是 1789 年爆發的法國大革命，然後一個政治秩序的新時代開始了，先是在歐洲，後來影響了全世界。不過我們發現，這種政治革命對世界的影響是緩慢地產生的，而工業革命也花了一個多世紀的時間，才影響到所有如今是高效率工業社會的地區，更別說那些姍姍來遲的後起地區了。其實從全球化歷史的角度來看，也不妨說有另外的起點。我們已經指出，早在 8 世紀、13 世紀和 16 世紀就曾有幾波大範圍的整合。

到了 18 世紀中期又發生了一波這樣的整合，它其實在所謂 "雙重革命" 之前就開始了，以國家建立 (state building) 和前工業殖民主義 (preindustrial colonialism) 為動力。

在近代早期，歐洲人獲得了對世界海洋的控制權。此時的歐洲列強，沒有一個是獨大的主宰。葡萄牙人、西班牙人、荷蘭人、英國人、法國人，整個世界主義的海盜集團，遠遠超過任何其他的海上力量。歐洲對海洋的統治包括了遠洋航行的各個分支：發現之旅、貿易往來、海軍艦隊。從一開始起，早在地中海地區的 "海上共和國" 威尼斯和熱那亞的年代，軍事和商業航海之間的關係就比在歷史上所有其他文明中密切。西班牙運送白銀的船隊由軍艦護航橫跨大西洋，葡萄牙人和荷蘭人全靠他們戰船上的火炮才在亞洲站住了腳。海軍在一種全新程度上成為早期現代國家的工具。1588 年西班牙無敵艦隊被殲滅後，歐洲列強之間的海戰成了解決矛盾的方法，重要性絕不亞於陸戰。歐洲人的創造精神，十有八七用於完善造船和航海技術、用於建立複雜的組織，如荷蘭人的聯合東印度公司，英國人的東印度公司和皇家海軍。歐洲人的海上霸權乃 18 世紀最有活力的經濟領域，也為加勒比—美洲的種植園經濟創造了前提條件。此外，造船和航運本身也是重要的經濟因素。

航海的軍用分支起先從屬於商用分支，但在 18 世紀中葉逐漸獨立出來，成為政治工具。這種政治的影響範圍前所未有，是一種世界政治的雛形。[58] 在此之前，歐洲國家就以各種方式在規模較小的殖民衝突中釋放它們之間的張力，而現在不同的是，最強的對手們將整個地球看成是競爭的舞台，通過海運將大批步兵部隊送往海外。無論在理論上還是在實踐上，英國都是這種全新戰略觀念的先行者。在起因和重點均在中歐的七年戰爭 (1756-1763) 期間，英軍將法國人趕出了加拿大，和法國人打仗、和法國人在印度當地的同盟者打仗、向馬尼拉和哈瓦那這兩座西班牙殖民帝國中最富有的城市發起進攻。[59] 雖然，當時大部分英國艦隊都駐紮在自家領海，保衛英倫三島不受敵人侵略，不過在海外時只要保持少許力量優勢，就能取得顯著效果了。這種效果再次顯現在 1793 至 1815 年，當時英國和革命時期、拿破崙時期的法國發生了更大規模的衝突。第二次世界大戰結束時，戰略上最有利的沿海地區都落入英國人手中，包括直布羅陀、馬耳他、好望角以及後來的新加坡。在交戰的那些年裏，英國人軍事佔領了印度，並首次與中國進行外交接觸。此前不久 (1788 年)，澳洲亦成為英國首次運送囚犯的目的地，從而成了大不列顛聯合王國的另一塊殖民地。

海戰能力的加強，是英國稅務和債務政策合理化組織的結果之一。比起歐亞大陸的"專制"君主制國家，英國這種"財政和軍事的國家"能在國內調動更多資金。至少，法國和俄羅斯（後者並非始終不懈）不久就開始效法英國。而亞洲的帝國在此時，即在工業革命之前，軍事上就已經落後於歐洲了。

大西洋地區的力量密集化，是西半球發生重大危機的首要原因之一。[60] 無論是英國，還是以啟蒙名義經歷了現代化的西班牙，都在 18 世紀 60 年代力圖鞏固對其美洲殖民地的控制。隨後，13 塊英國殖民地在 1776 年宣佈獨立，並在一場於 1783 年以宗主國的失敗而告終的戰爭中贏得了獨立。在美洲的西班牙殖民地，克里奧人的精英們的分裂嘗試起先並不順利，但在 1808 年西班牙君主國由於拿破崙入侵而崩潰後取得了突破。1825 年，西班牙在美洲大陸的殖民帝國不復存在了。除了上述兩次獨立革命之外，還有一次在 1791 年就開始，當時法國大革命的自由口號在法屬聖多明哥混血的種植園主和黑奴們那裏引起了反響。法屬聖多明哥是世界上最重要的產糖地之一。經歷了內戰和英法干涉之後，這個國家在 1804 年獨立了，改名海地（Haiti），成為有史以來第一個黑人共和國。

大約從 1765 到 1825 年是大西洋危機的年代。大西洋地區的各種活動縱橫交錯，川流不息，大西洋危機本身也是由這片龐大海域中密集的網絡化現象引起的，它留下的長期後果充滿了矛盾。一方面，移民和奴隸的反抗撕裂了某些現存的紐帶，因而其作用是與整合、與全球化背道而馳的。海地不再有奴隸，但隨着蔗糖出口經濟的崩潰，這個國家退出了世界經濟，直至今日依然如此。美國的政治精英將目光從大西洋轉向西部，啟動了開發自家這片大陸的冒險壯舉。南美和中美那些新建立的共和國則儘量避免和西班牙打交道。但另一方面，這些國家又和崛起的全球化強國大不列顛建立了新的經濟聯繫。美國與英倫三島在經濟、社會和文化方面的關係也經受住了政治上的大變局，逐漸發展成了今天依然存續的"特殊關係"。

美國的一個特點是，儘管在整個 19 世紀都不願意不必要地捲入國際接觸，但從一開始起就提出了一個普遍要求：成為世界各國的榜樣。這是在意識形態上對 20 世紀和 21 世紀的超前干預。美國的道德說服力超過法國，後者在大革命後不久又重新回到了獨裁和君主制度。拿破崙短命的軍事帝國在 1810 年前後還是如日中天，短暫地統一了歐洲。但它只在萊茵聯盟諸國和普魯士留下了持久的痕跡，直接或間接地推動了那裏的法律和政治改革。如果說拿破崙·波拿巴導致了全球化影響鏈的產生，那麼他是這樣做到的：1798 年入侵當時還屬於奧托曼帝國的埃及，使整個伊斯蘭世界大為震驚，而且刺激了英帝國主義，使其加快了在亞洲擴張的步伐。[61]

2. 工業革命的遠距離影響

工業生產方式的推廣給大範圍的經濟關係帶來了哪些變化？關於工業革命的定義不知凡幾，試圖對工業革命作出解釋的人也難以悉數。這個概念所指的社會、經濟的和生態的變化是否足夠突然和深刻，以至於我們有理由稱之為"革命"？對此也是眾説紛紜，莫衷一是。[62] 工業革命並不意味着洲際經濟往來狀態的突變，而是始於一個較小的經濟空間，再從那裏逐漸地、局部地向世界擴散。從全球化歷史的角度來看，以下幾點尤其重要：

(1) 工業革命發生在英國，發生在這個已經擁有廣泛外貿關係和殖民聯繫的國家（但僅此一點，還不説明已具備了必要和充分條件，因為不然的話，取得突破的本該是荷蘭）。歷史上的革新（參見上一章提到的伊斯蘭世界的誕生）往往產生於邊緣地區。而工業革命則相反，它發生在一個已能有效運轉的經濟發展中心。

(2) 工業革命並不是在一個封閉的經濟系統裏突破的，這點在其主導行業即英國中部的棉紡織工業上就能看出。只要英國棉紡織工業關心的是同保質保量地為英國市場生產布料的印度同行競爭，它就是現存的世界聯繫的一種副效應。它本身從一開始起就以世界市場為取向：它的原料，即棉花，必須全部從外國進口；在 19 世紀 30 年代，紡織品已佔英國出口總量的 70% 以上。[63]

(3) 工業革命只發生了唯一的一次，之後便是國家、地區或者跨界的無數工業化過程。這些工業化過程持續至今（尤其在亞洲）。如今，有些經濟已經跨入了後工業階段，有些經濟則不是依靠工業，而是依靠農產品出口（丹麥、新西蘭）或者石油開採而富裕起來，此外還有相當多國家的經濟無望在可預見的將來建成與世界市場接軌的工業。也就是說，工業化不同於電視或者西方消費愛好的普及，它不是"全覆蓋"的、全球性的過程，但在過去和現在都可能是其他領域網絡化的動力。

(4) 工業生產方式的推廣，並不是單純模仿英國的模式。其實更應該把它看成是"一種創造性適應的複雜過程"。[64] 比利時、瑞士、法國、美國和德國這些第二代工業化國家，就不具備英國發展的重要前提。這些國家之前並未發生消滅了獨立小農經濟的"農業革命"，因此不得不自尋出路。日本和俄羅斯一樣，屬1880年前後"開始起步"的第三代工業化國家，它早在17和18世紀就完全獨立於西方而形成了有利於發展的機制。

(5) 工業生產方式以及伴隨社會現象成為主流是一個緩慢的過程。英國也是大約在1820年後才成為第一個工業幾乎影響所有生活領域的國家；左右其政治的當然也就更多地是熱衷於農業和金融的貴族，而不是資產階級的工廠主。在歐洲各地，以地區為界的工業區幾乎都只是處於農業包圍中的活躍小島。除了日本之外，亞洲各地在1900年雖然有些零星的工廠，但是都沒有形成有聯繫的工業體系。非洲同樣如此，它當時只是依靠南非的黃金和鑽石開採業才在世界經濟中覓得一席之地。

對全球化而言，重要的不僅是工廠利用蒸汽和機械技術生產越來越多和越來越便宜的消費品，比如棉織品。至少同樣重要的是大批量生產新型的複雜機械設備，尤其是精度更高、威力更大的新型槍炮，以及輪船和鐵路。19世紀中葉的幾十年裏，戰爭、交通的工業化發生在遠離工業中心的地方。工業本身總是在有自然環境、技術、政治和社會各方面的大量前提條件匯集的地方落腳扎根，而工業產品中則有些會從歐洲和北美運送出去，遍佈全球。之所以有這種可能，是因為 (1) 各個國民經濟之中和之間已經存在有效率的貿易網絡，在世界貿易普遍發展的情況下可以繼續擴增並更充分地加以利用；(2) 從長期來看，輪船的使用可以大幅度降低大宗貨物和重工業產品的長途運輸費用；(3) 在世界上很多中心城市逐漸產生了對來自西方文明的、用起來有面子的商品的需求。

早在工業革命之前，歐洲製造的火器就甚至進入了非洲和北美的腹地。軍火生產工業化的影響充滿了矛盾。一方面，它提高了產量，尤其是使輕型武器更容易得到。而在另一方面，軍火工業的尖端產品，如重型火炮和逐漸風行的鐵殼戰艦，則變得越來越昂貴了。在以前用毛瑟槍的時代，世界是"民主的"，而現在，世界分裂為二：一方是某些國家有能力從克虜伯或威克斯這些軍火商那裏購買最現代化的武器 (即所謂"大國")，另一方則不具備這種能力。即使在較低的層面上，技術和力量的差距也在擴大。結構簡單的槍支，非洲或印度農村的鐵匠也能修理，而 1884 年發明後即用於殖民戰爭的機槍 (馬克辛機槍) 卻幾乎從未落入"土著"手裏，使用它的帝國主義者便擁有了無可匹敵的優勢 (只是在第一次世界大戰末衝鋒槍發明後，暴力才開始又回歸"民主"。)。

更為重要的是交通的工業化,即蒸汽推動力用於運輸機械。[65] 蒸汽輪船起先只在內河和沿海航行,後於 19 世紀 30 年代獲得突破,開始在大西洋上定期航行。首批蒸汽輪船出現在非西方國家,比如 1835 年在幼發拉底河上亮相。早在 1850 年,就有一艘蒸汽輪船從上海駛往倫敦。帆船時代大約在 1860 至 1880 年之間告終。1869 年蘇伊士運河通航,主要適用於蒸汽輪船,使倫敦和孟買之間的航程減半,這也許是一個象徵性的標誌。這個階段結束時,大規模的貨船運輸線已經形成了:如果說在 18 世紀糖是遠洋貿易中最重要的商品,那麼現在漂洋過海的是大量小麥、稻米、棉花和煤炭,在幾十年裏大多由英國製造的輪船運輸。

鐵路起初也用於滿足地區性的需求。我們感興趣的,不是火車在一個國家開始運行的日期,而是鐵路開始被視為社會生活要素的時間節點。在這個意義上,歐洲大陸的鐵路時代始於 19 世紀 40 年代初。19 世紀結束之前,只有少數歐洲之外的國家有鐵路,主要是印度、阿根廷和日本。中國、南非和土耳其在熱火朝天地建造國際資助的鐵路。即使在鋪設時就像在印度那樣,軍事目的和經濟用途兼顧了,鐵路所到之處還是增強了地區與國際貿易的聯繫。雄心勃勃的大型技術項目,如 1867 年建成的美國東西海岸之間的通道，將中心城市的影響半徑擴展到交通不便的地區。1873 年，儒勒・凡爾納 (Jules Verne) 的長篇小說《八十日環遊世界》問世，其魅力來自空前之新，新就新在連廣闊無垠的大洲都成了可以快速橫跨的空間。雖說只有怪人才會進行這樣的探險，但是遊客已經取代了旅行家。組團前往奧托曼帝國和北非遊覽已不足為奇。甚至在 1853 年前還幾乎與世隔絕的日本，從 1860 年起也為外國遊客開起了旅館。

在這個時期的所有技術中，電報通訊達到了最具戲劇性的全球化效果。鋪設電纜比鋪設鐵軌容易得多。電報的歷史始於塞繆爾・摩斯 (Samue l Morse) 在 1839 年取得的首項專利。1866 年，第一條真正運行正常的跨大西洋電纜就已經啟用了。1880 年，一份電報從倫敦發出，到達大英帝國的重要地方，傳到了五大洲。通過電報，歐洲和美國之間的通訊速度提高了萬倍。訊息傳遞的速度和商品運輸的速度也不再同步，這大大加快了各個金融和商品市場的活動。對外交官和殖民地代理人而言，關於遵命行事的規定也嚴格起來了。[66] 同時，來往郵件的數量急劇增長，原因是信件開始通過鐵路運送，一些國家的郵費大幅度下降，另一些國家開始建設現代化的郵政事業，國際協議也使跨越邊界的通訊變得更加方便。[67]

3. 帝國與民族國家

自由主義及其自由貿易學說、馬克思主義 —— 世紀中葉的這些政治宏圖是全球化的烏托邦。在這些烏托邦中，作為政治空間的民族國家只起着次要作用。激進的自由貿易鼓吹者如理查德·科布登 (Richard Cobden) 希望，通過拆除世界上所有的貿易藩籬能為全人類帶來繁榮和平。這種希望的背後是一種關於無衝突的全球互動的願景，認為如果國家和政府不再干涉個人之間的約定，那麼這種願景就可能成為現實。卡爾·馬克思也認為國家和政治是第二位的。在他看來，國家和政治只是表層現象；真正推動歷史的力量是日益全球化的資本主義及其內在矛盾和各國無產階級旨在世界革命的大聯合。

隨着 1846 年英國單方面取消了最重要的關稅，自由貿易計劃得以部分實現。其他國家紛紛仿效，到了 1870 年前後，沙皇帝國以西的整個歐洲成為自由貿易區。但在歐洲以外的地方，要實現自由貿易世界裏那種反政治的烏托邦，一般還需要進行政治、軍事的干預。英國作為遙遙領先的殖民大國，在其殖民地引入了自由貿易。直到 20 世紀 30 年代，大不列顛在其帝國範圍內都沒有給第三方貿易設置任何不可逾越的障礙。[68] 而要推動歐洲之外擁有自身制度傳統的大帝國和國家與 "自由" 的世界貿易接軌，情況就不同了。奧托曼帝國、中國、日本、暹羅（泰國）起先不從，後來英國施加壓力，甚至以武力脅迫（比如1839-1842年針對中國的鴉片戰爭）。"不平等條約"為歐洲工業產品打開了迄今為止處於保護之下的市場。這樣的自由貿易加帝國主義的背後隱藏着一種計劃，它不只是要將他國納入世界經濟，[69]而是要讓這些傳統的君主國學會尊重"文明的"國際交往方式，從而成為"萬國大家庭"中有用的、儘管開始時受到不平等待遇的一員。在不屬於穆斯林的社會裏，基督教傳教士還要享有行動自由。如果可能的話，這些有時被稱為"野蠻"的國家還必須使自己的內部機制向西方靠攏，以西方為師。

歐洲和美國試圖在這種"文明傳教"意義上直接輸出機制，但在這個階段卻不太成功，無論在殖民地，還是在雖然附屬、但卻獨立的國家都是如此。自由的 —— 如果不說是民主的 —— 殖民大國如英國和法國在其殖民地建立絕對權威主義的制度，這阻礙了可持續的機制轉換。只有當地精英有計劃地接受歐洲社會模式的要素，可持續的機制轉換才能實現。這種自我改革必定也是通往政治獨立的道路。在大英帝國的"白人殖民地"（自治區；加拿大、澳洲、新西蘭），人們雖然不想以1776年新英格蘭的反抗方式脫離宗主國。但是也不願意服從殖民者的命令：19世紀末，加拿大和澳洲這些自治區已經相當獨立，甚至在帝國內部也設立保護關稅了。同時，它們自己的政治制度也發展到比宗主國更民主、更平等、更"現代化"的程度。也就是說，自治區在經濟上和政治上屬19世紀的"成功範例"了。不過，正如在所有殖民者社會（Siedlergesellschaften，美國亦屬此列）中一樣，原住民並沒有享受到這種成就，其生活境遇甚至比在純粹的殖民領地（Herrschaftskolonien）還要差得多。

第二個歐洲之外的現代化先驅是日本。這個國家1853-1854年間才因為美國艦隊的一次行動而對外開放，1868年明治維新後堅定不移地走上自我改革之路，大規模引進西方的結構要素，並使之和真實的或巧妙地虛構而成的本土傳統相融合。日本雖未成為一個真正意義上的民主國家（即使西方也為此經歷了漫長的探索），但卻在19世紀80年代成為亞洲第一個立憲國家。共同生活的核心機構如家庭沿襲日本傳統，正式機構如軍隊、警察、國家管理、高等院校則按照精選的西方榜樣進行改造，或者引進西方模式，但很少全盤接受。到了世紀末，日本已獲得世界的認可，按照各自視線不同，或被稱為"東方的不列顛"，或被稱為"亞洲的普魯士"（das Preußen Asiens）。

整個文明的這種集體自我改型，必須具備以下前提：外界施加了要求順應的巨大壓力，但也不是強迫模仿，而是留下了自主接受的迴旋空間。在 19 世紀，這種要求順應的壓力遍佈全世界。在此，我們觸及了這個時代全球化過程的核心。當年大不列顛聯合王國天下獨步，最具經濟活力，人均富裕程度最高，還有極具魅力的自由機制，與之相比，其他社會都是姍姍來遲者和潛在仿效者。這是完全不可避免的，因為英國統治着全球的海洋，具備干預能力，擁有最有利可圖的殖民地，而且英國的政治及文人階層有一種不可動搖的、也從宗教和科學那裏獲得支撐的自我意識，堅信自己代表的是世界上最先進、最值得效仿的文明 —— 既是楷模，也是維持秩序的力量。除了英國，致使普天下以西歐為師的還有法國，它的文化光彩奪目，它的首都成了精緻生活方式的化身。這樣的法國魅力四射，對東歐和地中海南部影響尤大。美國到了 20 世紀才獲得這種偶像地位，在此之前，奴隸制以及延續至 1865 年的內戰損害了這個國家的魅力，也使得它一心對內，無暇他顧。

無論如何，最晚從 19 世紀 60 年代起，沒有任何統治群體再能對英國的力量、成就以及促進文明的意志視而不見了。因而，從拉丁美洲到奧托曼帝國，從埃及到暹羅，還有對外開放程度令人矚目的馬達加斯加，到處興起了改革運動。這些改革者認為，無論是對自己還是對自己的國家來説，只有至少再向西方靠攏一步，才能在英國、西歐主宰的世界上擁有未來。這種絕非歐洲強迫的全球化，是在一種矛盾中進行的，搖擺於順應和拒斥、欽佩和反感之間，就像今天世界各國和美國的關係一樣。歷史上首次出現了一種文化單極化的趨勢，但這並不是強權政治的單極化，因為在 1870 年前後，英國在軍事上也已經在走下坡了，甚至比不上 21 世紀初的美國。在所有已知和可能的發展途徑中，西方和英國之路的前景似乎最為光明。順應和拒斥之間的張力，即使在歐洲也成了建立民族國家的重要動力。似乎只有建立一個同質化的、合理組織的、有防衛能力的民族國家，才能應付新的時代力量。至於順應的嘗試大多停滯不前，甚至根本就未能啟動，這是無關緊要的。對全球化歷史而言，重要的是新目光，是從外面注目於一個打上了英國烙印的西方。人們破天荒第一次認為，在西方的背後隱藏着普遍有效的進步史。似乎除了走西方之路，基本上別無他擇了。

儘管如此，不能過高估計文化普遍化在事實上達到的程度。要對此作出明確的總結殊非易事。民族主義和民族國家的建立，使得啟蒙運動的世界公民思想在歐洲顯得過時了。學術比以往更多地被納入本國的大學系統。1832 年歌德去世後，只有為數不多的人談論"世界文學"了。"世界歷史"也退居各國歷史之後。不過，1851 年起有了"世界博覽會"（毫無例外都在歐洲和美國舉辦），展出"發達"國家以及受其領導的"原始"（當時的措辭就是如此）國家的物質成就。同樣在 1851 年，保羅·路透（Paul Reuter）在倫敦開辦了第一家通訊社，並在十年內織成了一張遍佈世界各大洲的記者網絡。[70] 地球上到處敷設了電纜，這使發行量日增的報紙能向讀者提供世界各地的新聞。大約從 1870 年起，日本、中國、埃及這些國家的現代報業也初見端倪了 —— 這意味着媒體全球化發展趨勢的開始。西方精英文化的某些表現形式幾乎傳遍全球，雖然在馬瑙斯、伊斯坦堡、上海等地上演的美聲歌劇無法抗衡 20 世紀工廠生產的廉價唱片及錄音帶。

即使在歐洲稱霸全球的時代，基督教也未能一統天下。新教、天主教以及許多教派、教團成千上萬的傳教士竭盡全力（其實在殖民侵略之前就進行了不少這樣的努力），也未能在亞洲任何地方如願以償。基督教徒還是少數，尤其在政治方面毫無影響。相比之下，伊斯蘭傳教的成功程度至少毫不遜色。世界語言分佈圖也變化有限。在南美，殖民時代結束後還是說西班牙語和葡萄牙語。這兩種語言本來是亞洲海洋地區的通用語，但是大約從 1830 年起不得不讓位於英語。英語崛起，成為首屈一指的世界通用語，這並不奇怪。[71] 原因在於說英語的美利堅合眾國人口擴張，還有自治區的成功，加之英國人早就在多語言的 (因而需要一種溝通媒體) 殖民地如印度和南非扎下了根。到了 20 世紀，英語 (以及美式英語) 的勝利還要歸功於文化產業和大眾傳媒的支持。

4. 世界經濟的誕生

在自由貿易時代 (1846-1880)，無數經濟聯繫在世界範圍內建立起來了，基本上不受國家管轄。在此有一種對國家性質的理解、技術和政治意識形態方面的原因在起作用。按照這種理解，比起今天人們在互相依存的干預型國家的時代所習慣的那樣，建立民族國家的訴求雖然更為絕對，但同時也更受限制。儘管有被人稱為 "維多利亞時代的互聯網" 的電報，[72] 這種結果當然還不是如今理論家認為已成現實的 "全球經濟"，即 "一種能夠在全球層面上實時起效或在選擇的時間起效的一體經濟"。[73] 但另一方面，16 世紀後，在跨大洲的結構中，尤其在種植園綜合經濟和亞洲貿易中，已經實現了經濟增長 ("資本積累")。既然如此，甚麼是 19 世紀的新現象呢？

(1) 世界貿易總量在 1800 至 1913 年間增長了 25 倍。19 世紀 50 年代，貿易擴張的大潮到來了。19 世紀 70 年代後，貿易再次迅猛增長。世界貿易的增長速度大大超過了世界生產。[74] 不過，國際貿易的四分之三集中在歐洲，集中在以西歐、北美、澳洲和新西蘭為三角的區域。在殖民地中，只有印度和南非是重要的次中心。工業化國家，尤其是英國，是世界經濟整合新階段的主導者和組織者。儘管如此，還是為印度、中國、亞美尼亞等國的地區性商貿網絡留下了迴旋空間。[75] 世界經濟中還是保留了以往多中心狀態的痕跡。

(2) 移居異國他鄉者對全球化的體驗比任何人都更為直接。在傳統上人口流動就異常頻繁的歐洲內部，19 世紀時產生了“一種跨國移民的新格局”。[76] 南歐、東南歐和東歐是人口輸出地區，人口流入地區則首推德國、法國和瑞士。這些人口遷移比起世界其他地方來說簡直小巫見大巫。1850 至 1914 年，估計約有 6,000 至 7,000 萬人永遠離開了故鄉，其中有 4,000 至 4,500 萬歐洲人遷居海外，絕大部分去了北美和南美，俄羅斯的亞洲地區迎來了 700 萬移民，此外還有 1,100 萬印度人、中國人和日本人去了國外 (東南亞、美國、加勒比海地區、東非和南非)，大多作為合同工 (“苦力”)。[77] 雖然在英國議會 1807 年頒佈禁令後，奴隸貿易的規模不斷縮減，但是在 1811 至 1867 年間，還是至少有 270 萬非洲人被賣到美洲為奴。[78] 移民很少會馬上迷失在新環境中，而是同鄉抱團，組成社區，極端例子如自給自足的"唐人街"等，使地區更具多人種特色。因為外來者聚居區大多與故土保持聯繫，19 世紀移民海外的活動織成了一張跨越大洋、籠罩全球的親屬網。在經濟方面，移民也為全球性的整合作出了貢獻，他們開發邊緣地區，樂於購買故國產品，通過更有效地利用資源 (分工、更好地安排生產地點) 提高了全球生產總值，還經常自己創辦企業和建立行業。若是沒有 19 世紀移民的貢獻，便無法解釋美國作為領先的經濟強國何以崛起，何以取得持續的成功。

(3) 人們終於能夠遠距離運輸大宗貨物了。在這方面，1880 年前後也跨過了一個門檻。西歐和北美的商品價格和實際工資的漸趨適應，體現了大西洋核心經濟區域的不斷整合。1846 年英國廢除了限制穀物進口的穀物法，此後糧食生產趨於萎縮，轉向成品出口和糧食進口，這是新型國際經濟分工導致結構改變的最初幾個例子。各個地區市場以前所未有的速度和敏感度相互作出反應。[79]

(4) 全球聯繫會變得更加緊密，最可靠的預兆是經濟狀況的變化在世界範圍內都能感覺到了。 所謂"大蕭條"，或者1873 年開始的所謂"創業者危機"(Gründerkrise)，都導致了全球性的物價暴跌。影響更為深遠的是，1896 年後世界各大洲的需求趨於旺盛：史無前例的全球經濟大繁榮。[80]

五　世界資本主義和世界危機：1800-1945

1. 世紀轉折期的全球性經驗、世界經濟和世界政治

至少對經濟史而言，這是一種老生常談：第一次世界大戰爆發前的幾十年堪稱是大規模全球化的時期，而後來直至第二次世界大戰之後都屬"去全球化"的階段。但是如果不僅僅注目於經濟方面的網絡化，那麼這兩個階段之間的反差就不太明顯了。相反，從這時起，衝突與合作的全球性維度赫然呈現眼前：誰也離不開誰了，世界儼然成了一個命運共同體，在日常生活中也是這樣。從現在起，即使解除聯繫的過程，也因其蔓延的影響，只能稱之為世界經濟或世界政治範圍內的過程，而且經常還是對全球化的有意識的反應。

對越來越多的人而言，整個地球成了經驗和行為的空間，這不是隨着互聯網的發明才有的現象，而是在第一次世界大戰爆發前的幾十年裏就已經如此了。這在很大程度上是交際溝通的能力普及化的結果。作為大眾報刊的發源地，美國早就在識字率統計中名列榜首。1870年後，歐洲到處，甚至在落後地區如西班牙、俄羅斯、巴爾幹，男女文盲的比例都在下降。在戰爭的前夜，各方都在設法使新兵能讀懂指令，能給家人寫戰地明信片。[81] 在掃盲方面，日本緊隨德國或法國之後。在世界上被殖民的地區（當然除了自治區和拉美的幾個國家之外），多數人都不識字，但在1900年之前，到處湧現出文化階層，他們能從英語、法語、西班牙語報刊上瞭解各國時事。在中國、日本、奧托曼的土耳其和埃及，報刊業興旺起來了，使用的是傳統語言，不過往往是經過改革的、簡化了的傳統語言。新聞記者的職業和社會類型開始全面普及。[82]

在世紀轉折期，生活和思想維度的、尤其是時空經驗的根本轉型不僅體現在精英們的意識之中。[83] 1884年，25個國家就世界時間達成共識，劃分時區，以格林威治子午線時間為標準。這一時制開始普遍推廣，直至1913年。[84] 當時的西方世界早就成了測時計的天下，價格便宜的懷錶成了生活用品，機械時代的大一統管理不斷推廣。[85] 同時，把全球各地氣象站的測量結果放在一起來看，人們第一次能夠觀察"世界氣候"的系統聯繫了。世紀轉折期的"木材危機"是一個早期的例子，說明人們因為自然資源有限而感到擔憂，開始對全球性的"掠奪式經濟"提出抗議。[86]

空間可以被征服，這越來越成為不言而喻的事情：大到越洋跨洲的巨輪，無論是社會的底層如中國合同工，還是世界經濟的管理精英，都離不開它（不過在 1912 年泰坦尼克號海難之後，人們上船出海時就信心不足了）；小到新的工具裝備如自行車（19 世紀 80 年代起才在歐洲大量推廣！）、有軌電車、公共巴士、小汽車。1903 年，人類首次飛行使全世界為之驚歎。1913 年，一架載有八人的飛機持續飛行達兩個小時之久。歐洲地理發現的時代也就此結束了。1911 年羅爾德·阿蒙森（Roald Amundsen）抵達南極，至此地球上任何地方都留下了人類的足跡，且被繪製在地圖上，只剩下海拔最高的幾座山峰還在抵抗歐洲登山者的衝擊。

這種對空間和距離的掌控，也反過來影響了時代的思維和感覺。如今許多人把"現在"理解成世界各地同時發生的各種事件的聯繫，理解成全球範圍的共時性，而不是理解成眼前的直接存在。在政界、經濟界、學術界和藝術界，人們達成了廣泛的共識：空間的可控性和全球的共時性會導致人類的共同生活發生根本的變化。全球性事物的可支配性被越來越多的人視為跨國合作和團結的出發點。然而，克服空間越是容易，視野也就越是開闊，也就會在更大的範圍裏搜尋可能的敵人和對手。

對很多人來説，全球化首先是通過世界經濟密切聯繫的影響而成為日常經驗的。至少從 19 世紀 80 年代起，大街小巷就在説世界經濟是各種聯繫渾然一體的產物了。[87] 在第一次世界大戰爆發前的那些年裏，世界經濟網絡化又經歷了一波強烈的推動。説到世紀轉折期的世界經濟，我們要麽把它描述成是一種多邊的、無法劃分成更小單位的系統，要麽更強調納入世界經濟的形式和作用因社會和地理位置而異。如果以系統特徵為出發點，那麽就會發現這樣一種複雜的結構，它和人們經常描繪的農業邊緣地區和西方工業中心之間的分工，並無太多的共同之處。重要的是以下三點：

(1) 勞動力、資本和貨物的洲際流動是互相聯繫、互為條件的。歐洲資本輸出為擴建世界經濟基礎設施提供了資金，英國民眾每年將國民生產總值的 5-7% 用於購買外國債券、鐵路股票等，長達數十年之久。這種資本輸出不僅以世界對火車頭、排水管、發電機的需求為形式反過來影響歐洲，而且也使更多的地區與世界經濟接軌。例如歐洲人移居於此，主要生產農產品出口等。資本輸出者的利息收入也已能彌補他們的貿易差額，也就是說帶動了對進口商品的需求。工業企業對其銷售地區在地理意義上的擴展作出了反應，它們投資生產設備，這些設備只有通過在全球銷售才能完全運作，或者它們在國外建立分廠，轉型為跨國企業。[88]

(2) 1870 至 1914 年間，中心大多設在倫敦的、原來相互之間只有鬆散聯繫的貿易網絡開始合成一個完整的系統。現在以多邊形式實現的貿易和收支平衡是其最重要的標誌。[89]只有"半壁江山"的、局限於北半球的全球化觀念，不僅忽視了世界經濟聯繫對非歐洲國家的影響，而且也忽視了多邊的 (multilateralen) 收支平衡對表面看來只是雙邊的 (bilaterale) 進口貿易的意義。

(3) 世界經濟系統聯繫的正常運轉，只能依靠完善的基本設施，而這些基本設施的存在又取決於民族國家的主動性。[90]交通和通訊方面的基礎設施雖然大多由私人出資建設，超過我們今天的想像；但是跨越邊界的鐵路交通、郵件往來、電報收發卻要求各國政府在技術標準和模式以及保障電報訊號暢通方面達成一致。[91] 1914 年前的全球化在多大程度上基於國家創造的前提條件，從國際貨幣體系這個例子上就不難看出。從 19 世紀 70 年代開始，所有重要的貿易貨幣都與黃金掛鈎，所以全世界的貿易和投資幾乎不受匯率浮動和通脹風險的影響。在金本位制的條件下，方向性的重要經濟決策如保持貨幣穩定，減少國家開支，資本自由流通，都是由貨幣制度預定的。[92]

和世界經濟的多邊、系統特徵同樣重要的，是世界經濟聯繫的形式多樣性，是繼續存在的"網絡缺口"。仍然有些地區和世界經濟只有零星的交往，比如大部分的非洲地區，中國遠離海岸的內地省份，以及各大洲尚未開通鐵路和輪船航線的地區。而在其他地方，世界經濟分工的效果在不同程度上顯現出來了，也就是說，技術、機構的同質化和經濟的區別化兩者共存。無論在歐洲殖民地，還是在政治獨立的拉美國家，都出現了脫離本土經濟、注目世界市場的飛地：在馬來西亞的錫礦，來自中國的合同工在歐洲工程師指導下開採準備出口到工業化世界的資源，然後帶着自己的積蓄返回故鄉。[93] 在此，與世界經濟的聯繫並未導致更深刻的結構轉變。同樣如此的，還有在亞洲熱帶地區和非洲各地推廣的種植園經濟（咖啡、茶葉、可可、橡膠等），以及在秘魯沿海開採鳥糞這種理想肥料的行業。

在有些情況下，主要是在阿根廷，幾乎整個國民經濟都以農產品出口為主。這類出口經濟極易受到世界市場需求和價格起伏的影響，對它而言，與世界經濟的接軌不僅是經濟利潤的來路，而且也是社會地位和政治力量的源頭。[94]

最後，工業化的西方是一個經濟互動極其頻繁的空間，其中地區的、國家的、國際的和全球的網絡疊合在一起。世界經濟的聯繫並不局限於跨越邊界的生意，表面看來在國家框架中進行的活動，如美國通過修鐵路開發內部，德意志帝國轉向金本位制，其實都對世界經濟具有重大意義。出口到世界各國的消費資料和生產資料的製造，都集中在西歐大西洋區域，資本輸出、全球互適的企業組織形式以及最重要的技術也都起源於此。只有在這裏，廣大的社會階層才有超越生活必需品的消費能力，這種消費也包括來自海外殖民地的產品。1913 年，美國及自治區的人均收入約為 5,000 美元（按 1990 年美元計算），西歐約為 3,500 美元，日本約為 1,400 美元，其他亞洲國家僅約640 美元，在非洲（非洲的統計總數被南非的礦業 "美化" 了）約為 585 美元。[95] 即是說，當時世界上最大的財富中心（這樣的中心已經不在歐洲了），和最大的貧困中心之間的差距是十比一。而在 1820 年還只是三比一。

19 世紀的全球化過程並不包括已經相互聯繫的、以民族國家的方式整合起來的國民經濟，儘管它使這些國民經濟網絡化，施加要求順應的壓力。應該說，全球化和民族國家形成，這是兩個平行的和同時的過程。這兩者以何種方式相互影響？在此尤為重要的是對世界經濟聯繫導致的後果作出的政治反應。這種反應首先來自"全球化失敗者"：德國農民感到自己受到了來自海外的威脅，也就是廉價的進口糧食和肉。美國農民要求美國脫離金本位制，因為後者使價格穩定，從而也使他們的債務居高不下。最早來到加拿大的那些移民反對無一技之長的勞動力繼續湧入。所有這些群體都要求國家幫助他們保護自己的利益。1878 年後，除了英國之外，大多數國家都又重新回到了貿易保護主義的道路上（美國從未放棄過這條道路），對入境移民也開始限制，在種族主義甚囂塵上的時期首先是針對亞洲移民的。[96] 於是，幾乎與世界經濟整合的同時，有時還是作為對此的反應，產生了現代干預型國家的雛形，這種國家試圖通過關稅政策，繼而也通過社會福利政策，在"民族"的意義上對全球化進行調控。[97] 它的政治方案並非源於科布登或馬克思的思想，而是應該上溯至弗里德里希·李斯特 (Friedrich List，1789-1849)，這位來自德國士瓦本地區的美國評論家超越了自己的時代，對全球化提出了具有世界影響力的批評。

新的關稅壁壘還不夠高，不能真正危及剛剛形成的世界經濟。準確地說，回歸貿易保護主義既是政治氣候改變的標誌，也是其原因。[98] 政治的經濟化，這種現在到處可以感覺到的現象，與世紀中期的氣氛形成了強烈的反差。當時的氣氛首先是全球性的政治化，全球性導致的後果不再被毫無疑問地當作命運接受，而是變成了有組織的利益群體的話題，他們試圖在西方議會制國家影響政治決策。"加長版"的 19 世紀 (約 1789-1914) 的最後幾十年，不僅是一個全球化的時代，而且同時也是一個領土化的時代。所謂領土化，就是努力將社會關係固定在邊界明確的政治領土空間裏，通常是固定在民族國家裏。[99] 世界經濟的整合必須對國家權力有利；政治的合法性必須通過優先考慮本土利益而獲得保障。就這樣，對世界聯繫的政治控制，從"全球化失敗者"的話題，變成了一種積極追求的民族國家和權力國家的政治目標。

2. 帝國主義和世界大戰

隨着通訊和交通網絡的擴展，隨着全球性生產鏈的形成，整個世界成了相互競爭領土的國家的互動空間。不僅軍事系統，而且整個民族國家、國民經濟或者文明之間都存在全球性的競爭關係，以這樣的概念進行思維，乃是世紀轉折期的特徵。例如，1900 年前後德國的"世界政治家"就覺得，德意志帝國作為卑斯麥所說的"飽和"的大國，並沒有擴張意願的觀點是矛盾的。他們的看法是，未來只屬於那些能在政治上對一個帝國的人力、原料、市場進行控制，有能力對全世界施加強權的大國。所以只能兩者選一，要麼"強權"，要麼"滅亡"，甚至純粹的自保也要求一種世界規模的強權政治。[100]

空間變得可征服了，這也就意味着，空間變得狹窄了。1870-1913 年世界人口的平均年增長率比 1820-1870 年翻了一番。[101] 在我們看來，與今天高達 63 億的世界人口相比，1913 年的 18 億似乎並不是甚麼威脅，但卻促使當時的某些人發出了"生存空間"狹窄化的警告，預言"爭地之戰"將變得更加激烈。北美、俄國西伯利亞以及 (1890 年才開始的) 滿洲極為活躍的內陸殖民開發活動似乎證實了這一點。美國的農業墾殖活動在新世紀的前十年達到了最後一次高峰。[102] 此後所謂邊疆就最終形成了。與此同時，遭到排擠的北美土著的處境也跌到了谷底。儘管有不少人像卡桑德拉那樣發出了災難警告，但是這種預言沒被當真，自由的墾殖移民區仍然到處都是。公眾的情緒甚至比真實的局面更加糟糕。

在帝國主義者唯恐落後的慌亂氣氛中，國際競爭不斷加劇，導致了各國爭相瓜分地球上尚未開發的地區。1880年有2,500萬平方公里處於某一海外殖民政府的控制之下（不計歐亞內陸帝國），1913年達到了5,300萬平方公里。[103]各種擴張步驟的具體原因各不相同，但一般不是某個地區明顯的經濟潛能，因為大多數重要的經濟地區早就名花有主，或者已在自由貿易帝國主義的條件下成為了世界經濟的一部分。但在競爭激化的時代，也有不少地區出於戰略原因，即出於捍衛帝國利益和通訊樞紐的目的，成了某個強國控制的對象。經濟開發和歐洲殖民帶來了變化，推翻了現存政權或者社會制度，從而也同樣經常會導致帝國主義的侵佔，或者導致原本鬆散的統治關係的強化。這有時是與激烈的武裝衝突相聯繫的，其中有幾次戰爭，尤其是英布戰爭(1899-1902)，又反過來對世界政治上的力量平衡產生了影響。不過，瓜分整個大洲卻沒有當地人的參與，只是例外現象。1884年在柏林召開的非洲會議成功地做到了這一點。各國首先只是在地圖上劃分區域，真正的佔有和經濟"價值開發"則是以後的事情。1912年，古老的摩洛哥王國也成了法國的保護國，至此整個非洲（除了埃塞俄比亞和利比里亞之外）都處於歐洲殖民統治之下了。

中國作為最大的、在經濟上最有吸引力的獨立國家，也同樣是西方長期覬覦的瓜分對象，但是最終還是逃過了一劫。這首先是因為，半打以上的軍事強國在中國的利益和野心縱橫交錯，在地區上也難以分割。另外一個原因是，中國人要建設一個獨立而強大的民族國家。這種決心形成於 1900 年排外的義和團運動之後，當時為了鎮壓義和團，八國參與干預，為此特意組成了史無前例的聯盟。[104] 在這以後，中國新的民族運動就取法日本，實行一種順應和抵抗兼而有之的雙重戰略。

可以瓜分的不僅是領土，而且還有經濟機遇。在經濟上和戰略上最為重要的機遇是鐵道線，人們始終是以地理戰略的概念認識這一機遇的：在中國，對此有意的帝國主義者通常認為一條鐵道線周圍即是所謂"影響區"。在滿洲，出現了由俄國和日本掌控的鐵路殖民地。從 1903 年起，擁有跨西伯利亞鐵路的俄國開闢了一條直接通往東亞的、與中國鐵路網相連接的交通線。1913 年後，只要願意，就可以搭乘火車從里斯本 (Lisbon) 去上海。對重工業出口商而言，修鐵路始終是一椿好生意。不過，鐵路運輸的系統龐大，費用昂貴，技術要求和人力投入都很可觀，當然不可能像汽車交通那樣四通八達。直到 20 世紀中期,是越野車和載重卡車使交通不便的地區也不再與世隔絕。1920年時,世界上的鐵路只有13.2%鋪設在亞洲和非洲。[105]

在世紀轉折期,強權體系變得全球化了,這不僅是因為歐洲的野心涉及越來越大的範圍,而且也是因為一些新的強權中心出現了。1898年西班牙和美國之間的戰爭標誌着美國登上了世界政治的舞台,它當時已將英國和德國這些效率最高的工業生產國甩到了身後。連經濟上瞠乎其後的日本,也在19世紀90年代成為了政治上獨立、軍事上不可小覷的東亞區域性強國,擁有自己的殖民地(臺灣),在朝鮮也擁有非正式的影響區。1902年起,日本通過一種以往只限於歐洲列強之間的外交同盟,與英國聯繫在一起。現在不僅是英國,而且俄國也由於自己內部的"疆界"東移,成了一個歐洲和亞洲的強國。

世紀轉折後不久,歐洲列強全都不得不降低自己在海外的訴求。這種現象首先與歐洲內部的競爭有關:德國的艦船裝備越來越讓人感到威脅,英國因而開始謀求與美國、法國和俄國的平衡,放棄對自己在拉美、北美和波斯的殖民地或非正式影響的要求。之所以能形成這些共識,原因之一是與英國談判的國家出於對德國的恐懼也都願意做出妥協。於是首次誕生了由各種聯盟組成的全球性系統——除了世界的"領土化"和世界的殖民瓜分之外，這是又一個"全球化和碎片化的辯證法"的例證。[106] 歐洲的"力量平衡"延展到了全球範圍，但同時1904-1905年的日俄戰爭也給了歐洲的擴張迎頭一擊。在決定性的對馬大海戰中，日本作為第一個西方之外的現代軍事大國，擊敗了從非洲調來的俄國波羅的海艦隊。全世界普遍認為，日本的勝利既是現代立憲國家（日本從1898年起就有了一部由德國法學家協助制定的憲法）對動員力有限的俄羅斯貴族統治國家的勝利，也證明了非西方國家有可能擺脫對歐洲帝國主義的依賴。

在一個變小的世界裏，列強相爭不可避免。是否存在與此不同的場景呢？首先我們要提到的是與此相反的合作趨勢，人們在技術和組織標準化這些"非政治"領域合作，容易達成國際一致的結果。早在1911年，一位美國法學家和外交官就對此作出了全面的總結。[107] 在這時期，古老的關於人類團結互助的烏托邦理想也第一次以組織的形式實現了。國際紅十字委員會的前身是1863年由日內瓦商人亨利・杜南（Henri Dunant）創立的，這個組織從問世的那一刻起就提出了人道的訴求。[108] 女權主義的參政權擴大論使來自歐洲、北美、新西蘭、澳洲以及後來印度的倡導婦女選舉權的代表人物聯合在一起。1893年，首次"宗教世界議會"的代表聚首芝加哥。[109] 社會主義工人運動通常奉行國際主義，但是它對被殖民者的同情只限於對殖民"過度"的指責，並未對殖民制度本身提出質疑。

雖然由於缺乏政治影響力而限制了這些私人組織的行動，但在 1899 年和 1907 年兩次海牙和平與裁軍會議上，民族主權的核心領域的確受到影響。幾乎沒有一個政府願意簽訂有約束力的承諾。關於戰爭行為的原則至今依然有效，歐洲之外的國家由始至終堅持他們的原則，以強化它們在國際社會享有同等地位的訴求。[110] 所有這些國際主義的、取代強權政治的方案，有一點是相同的：隨着第一次世界大戰的爆發，事實證明這些替代方案 (除了紅十字會之外)，都不堪重壓。

將世界大戰視為全球化浪潮的直接後果，這種解釋不免過於平庸。誠然，若沒有這些全球化浪潮，1914 年夏充滿矛盾的複雜格局就是以一般方式無法想像的。不過，引發第一次世界大戰的卻是與全球聯繫較少的歐洲地區的內在危機，而不是列強在歐洲內部的衝突，更不是列強在殖民地問題上的爭端。原本是一場歐洲戰爭，但從開始後不久就在全球規模上和以全球資源決一雌雄了。奧托曼帝國 (連同其阿拉伯各省) 站在中歐列強一邊，日本尤其是美國捲入了戰爭，非洲下撒哈拉地區烽火連天，德國試圖煽動穆斯林世界，海外軍團進入歐洲作戰 ——

所有這些都是全球化因素。[111] 1914 年成了遠離沙場的國家如新西蘭歷史上的重大轉折，新西蘭在戰爭中有 17,000 名士兵喪生。

第一次世界大戰一方面是痙攣般密集互動的階段，另一方面也有不少早就開始的網絡化被中斷了，但又沒有產生新的穩定的結構。首先，任何戰爭都會破壞現存的文化、經濟和人際關係，在敵友之間劃出明確的界線。貿易壁壘、干預和沒收、對通訊設施和航運輪船的襲擊，這些都是戰爭手段。世界經濟分工中斷了：歐洲的工業出口實際上陷於停頓，因為軍工生產需要機器和原料。這樣就產生了無貨可供的真空期，而在歐洲殖民地、拉美和中國則出現了新的工業分支，用以滿足當地以前由世界經濟滿足的需求。同時，歐洲的海外投資大部分被收回，用於戰爭的支出。金本位的貨幣制度也土崩瓦解了，因為不靠印鈔機的話，任何國家都無法湊足軍費。

戰爭在各方內部起到了整合作用，這些交戰聯盟的努力越來越多地在政治及經濟的巨大空間中組織起來。在歐洲作戰的士兵有數百萬來自非洲的法國殖民地、印度、澳洲和新西蘭，從 1917 年 6 月起也來自美國。糧食、機器以及重要戰爭物資如橡膠，是從殖民地運往歐洲的。全球性的資源組織能力，也是同盟國最後獲勝的原因之一。[112] 在這方面起決定性作用的是海上供給線的保障，德國以切斷這些供給線為目的的潛艇戰導致美國參戰。中歐列強則相反，它們缺乏獲取重要資源的通道，尤其是缺乏與海外溫帶糧食產地聯繫的通道。

不同於貨物，病毒能輕而易舉地穿越雙方的戰線。來自各大洲的病原體會聚在法國戰場上，並繼續蔓延。死於 1918 年病毒性流感的人數，甚至超過了在戰爭中喪生的全部人數。[113]

3. 1918-1945 年：全球性的危機和衝突

第一次世界大戰結束了歐洲對世界的統治，動搖了國際經濟的基礎。地球上幾乎沒有人不受戰爭影響。這些後果最終無法克服，令新的世界大戰出現。戰前的國際秩序由歐洲列強在全球的競爭而取得平衡，現在已然失去。起初似乎還可依美國總統伍德羅・威爾遜 (Thomas Woodrow Wilson) 的 "十四點" 原則即民主、民族自治、集體安全、自由貿易等，建立一種新的世界政治秩序。1919 年凡爾賽和會上成立了國際聯盟，這是第一個世界各國的聯合政治組織。1921-1922 年召開的華盛頓會議簽訂了第一份全球軍備控制條約：所有海上軍事大國 (包括日本) 就其海軍力量的明確限制達成了共識。

民族主權國家在全世界被確定為政治組織的常態。隨之而來的便是建國熱潮，席捲波羅的海地區、巴爾幹半島，直至美索不達米亞。不過，在原奧托曼帝國非土耳其地區新建的那些國家，開始時還是"託管地"，處於英國和法國具殖民性質的控制之下。殖民大國和歐洲非正式統治區依然存在。但是無論何處，戰爭都有力地推動了反殖民的民族主義發展。幾乎所有殖民地的義務勞動和戰爭物資都緊張，令殖民統治被強化。曾在西線作戰的士兵們，現在希望曾付出的犧牲獲得回報。到處都響起了要求獨立自主和現代化的呼聲，這種將西方自由原則和本土自治願望合二為一的要求在印度尤為強烈。

　　反殖民的民族主義以威爾遜的民主理想主義為支撐，目標是擺脫殖民統治者，建立憲政國家。但是現在又出現了另外兩種政治上的革新，可以作為榜樣：列寧主義和法西斯主義。列寧主義在 1917 年俄國革命後就有了權力基礎，創立了共產國際。共產國際組織以世界革命為鵠的，但其實際影響範圍和程度卻低於這個目標。在從其邊緣地區打擊資本主義時，也應該和"民族資本主義"的非共產主義力量結成聯盟。莫斯科成為來自世界各地的青年幹部的培訓中心。然而，世界革命遲遲不來，甚至在德國和中國也沒有爆發，儘管人們認為這兩個國家的條件已經"成熟"。因此在第二次世界大戰之前並沒有"蘇聯集團"。在史太林時期，蘇聯從輸出革命轉向了"在一個國家建設社會主義"。

法西斯主義——這個概念在此是廣義的，即包括 20 世紀 30 年代的國家社會主義 (納粹) 和日本極端民族主義——沒有全球性的方案。它之所以在歐洲及別的地方有誘惑力，是因為它是由對民族自給自足的追求、軍國主義、國家利益至上論以及對技術的神化混合而成，符合現代化貴族和軍隊首腦的愛好和利益。自我改革者或反抗殖民者在這兩種意識形態革新中尋求進入現代的捷徑。[114]

法西斯主義並不打算放棄"達爾文主義"力量競爭的體系，而是要在這種體系中以特別野蠻的手段謀求成功。在這個意義上，法西斯主義是激進化了的帝國主義。它蔑視國際法，拒斥國際聯盟，立場明確，一貫如此。對英國的世界帝國和美國的巨大潛能，法西斯主義者是既嫉妒又欽佩。一馬當先的盎格魯撒克遜強國代表了真正全球化、自由主義的世界體系，面對這一世界體系的綱領，法西斯主義者只能提出以帝國為主導的"大空間"(Großraum) 觀念與之抗衡。於是"大空間"一詞就帶上了曖昧意義，而且至今尚未絕跡。在二戰期間，納粹德國在歐洲，日本帝國在東南亞實現了這種"大空間"，使之成為歷史上空前絕後的剝削和屠殺的區域。

如果説在 19 世紀 80 年代經濟開始政治化，那麼在一戰結束後的那些年裏，政治幾乎在世界範圍內開始意識形態化了。這也表現在，對意識形態的忠誠比以前更多地脱離了國家的政治競技場，開始具備跨國特徵。在這方面，民主主義者、共產主義者、法西斯主義者之間確實發生了一場三足鼎立的全球內戰。[115] 西班牙內戰、中國革命之類的事件也因此從不同的陣營中贏得了國際同情。

儘管民族主義、自由主義、列寧主義、法西斯主義的話語逐漸普遍化，但總的看來，在兩次世界大戰之間的那些年裏，最令人注目的還是世界各國的高度異質性。1914 年前，世界各國主要可分為 (多為君主立憲制的) 帝國主義列強、相對較小的國家、多多少少仰人鼻息的非西方邊緣國家。但現在，即使在大國行列中，角色多樣性也讓人眼花繚亂了。其中再也沒有那種幾百年來在歐洲外交史中逐漸形成的基本共識 —— 關於"文明的"現實政治及其交往方式的基本共識：當然不完全排除戰爭，但是規定不准過分懲罰和侮辱戰敗者。換言之，第一次世界大戰摧毀了歐洲的權力系統，卻未能建立一種全球性的權力系統甚至一個世界政府來取而代之。歐洲作為集體性世界霸權的重要性下降了，但無論是美國的霸主地位還是國聯，都不能彌補這一空缺。只要人們依然無法想像能對國家主權實行任何限制，只要列強既沒有關於世界秩序的共同構想，也沒有共同行動的意願，那麼國聯的核心觀念，即集體安全與和平解決爭端，就談不上有任何實際意義。1931 年日本入侵滿洲，1936 年意大利進攻埃塞俄比亞，德國對其鄰國步步緊逼，而人們對這些行為都沒有作出適當的回應。與此相反，國聯的下列功能卻退居二線了：它本是一個在 19 世紀國際主義傳統上進行合作與交流 —— 如國際勞工組織 (ILO) 就為改善多國的勞動條件作出了巨大貢獻 —— 的論壇，同時使人保持對另一種形式的世界政治體系的意識。

戰後人們試圖重建 1914 年前 "美好時代" 的世界經濟。然而，世界經濟多邊分工的相互依存局面在戰爭中經歷了持續性的破壞，現在要重建談何容易。[116] 有一些結構問題是妨礙重建的因素：

(1) 戰爭的支出、重建的費用，對德國來說還要加上賠款的責任，這些負擔使所有交戰國債台高築。而美國則相反，通過戰爭，它不僅成了最重要的債權國和資本輸出國，而且其工農業產品出超,同時卻以高關稅保護自己的市場。所以和 1914 年前英國的債務人不同,美國的債務人難以通過向債權國出口賺錢還債。世界經濟不久就全靠源源不斷地流向國外的美元貸款了。但是資本流動再也達不到 1914 年前的水平。[117]

(2) 世界市場上的銷售弱勢難以扭轉,世界貿易的增長遠遠慢於生產的增長,這與 19 世紀的狀況正好相反。在重工業方面,戰時形成的生產能力出現了閒置現象。在農業方面,種植面積的擴大、機械化以及化肥使用量增加,導致自 20 年代中期起生產過剩的現象越來越嚴重,世界市場上的價格因而明顯下降。

(3) 在戰爭期間,交戰國政府事實上接管了對生產、價格和貨幣的控制。國家直接對人民生活、經濟增長和利益均衡負責。世界經濟的危機現象大幅增加,人們期待國家能採取對策,有所作為。肩負這些花銷越來越大的責任,政治精英們到處嘗試"出口"內政方面利益均衡的費用。到處都在推行"國家的"經濟政策。[118]

(4) 金本位制是 19 世紀世界經濟的最重要的組成部分,甚至堪稱其象徵。在戰爭中,金本位制被放棄了。直到 20 年代中期,所有重要貨幣再度與黃金掛鈎。但是,自從唯有美國擁有足夠的黃金儲備，世界貿易和外匯收入維持弱勢，貨幣決策對內政的影響越來越受重視之後，金本位制就起着應對危機的作用，成了一副"黃金鐐銬"。[119]

1929 年 10 月 25 日紐約股市崩盤，引發的世界經濟危機很快就到達難以想像的規模。這表明商品和資本市場仍然形成一種全球性的系統聯繫。將危機現象逐漸轉移到所有國民經濟之中的機制多種多樣，[120] 其中犖犖大者有美國資本輸出急劇下降導致的信貸緊縮，需求不足，變本加厲的貿易保護主義，最後還有因為金本位制而不得不實行的緊縮政策。在國際層面上克服危機的嘗試以失敗告終。

經濟危機是否意味着一種暫時性的"全球化的終結"？有一點毋庸置疑：跨越邊界的資本流動已幾近癱瘓。世界貿易也在 1929 至 1935 年間縮減了三分之二。經濟活動約在 1933 年後緩慢復甦，但世界貿易的增長並未能完全跟上。各國自己制定克服危機的策略，商品交換和資本來往因而被置於苛刻的政治預設條件之下，從而與政治決定的互動空間聯繫在一起。這點也同樣適用於美國以激活國內市場為主的"羅斯福新政"，適用於德國和日本通過擴軍和建設經濟不自主的影響區而促使經濟復甦的政策，適用於英法殖民帝國從世界經濟向帝國聯繫的轉變。這個時期世界經濟的所謂"地方主義"，是在危機中政治優先於經濟互動的結果。

地方主義的一種極端形式是德國和日本在30年代至40年代初期的、各自動機不同的——自給自足政策。這種力圖使非獨立的影響區從世界政治和世界經濟中解脫出來的戰略，對全球化而言也有意義，意義在於它導致了一場新的世界大戰。在某些日本歷史學家看來，這場新的世界大戰在1931年日本佔領滿洲時就開始了，所以他們稱之為"十五年戰爭"。同樣，認為戰爭始於1937年日本入侵中國內地或者德國1939年突襲波蘭，這種觀點也不無道理。[121] 直到1941年德國入侵蘇聯，日本襲擊美國，這次戰爭才開始具備全球化特徵。和1914至1918年一樣，西半球、澳洲、印度這次也沒有在戰事中直接受害。但是除了歐洲、北非之外，中國、東南亞、太平洋地區也成了一級戰場。美國是唯一既在東方也在西方作戰的強國，這種雙重角色註定它在戰後會成為世界霸主。

4. 美國的世紀

1941年，從德國和日本的角度來看世界大戰正打得不可開交，而美國則認為還在和平年代。這時，新聞記者和出版商亨利・魯斯 (Henry Luce) 宣佈 21 世紀乃是 "美國的世紀"。至少對 20 世紀下半葉而言,這種説法頗為恰當,原因在於兩次世界大戰,也在於美國經濟和社會的特殊發展。早在 1919 年,美國就因其突飛猛進的經濟發展和歐洲力量的自我削弱而成了世界經濟和世界政治的核心,雖然它並未有計劃地謀求這種領導地位。[122] 儘管美國在外交方面謹慎低調,但它不僅通過資本輸出,而且作為社會和文化楷模,在世界經濟危機爆發前的 "黃金 20 年代" 極具影響。世界各地的人們既不無恐懼,又心懷憧憬,從 "美利堅" 看到了自己的未來。[123]

　　大眾生產 (批量生產)、大眾消費、大眾文化,這些就是當時和 "美國生活方式" 聯繫在一起的口號。美國工業批量生產標準化商品的能力,腓德烈・泰勒 (Frederick Taylor) 的 "科學管理",亨利・福特 (Henry Ford) 的流水線生產,都在歐洲產生了極大的吸引力,因為這些能創造出可在員工和僱主之間分配的利潤。大眾消費作為批量生產的動力,似乎展現了生活富裕和社會安寧的前景。[124] 人們尤其希望在公共交通方面取得突破。汽車和航空這兩項征服空間距離的技術在戰爭期間獲得了巨大的發展動力,如今在美國的普及速度遠遠超過了歐洲。比 "泰勒主義" 和 "福特主義" 更具爭議的是社會和文化方面的變化，這些變化從 19 世紀初起，尤其是從 20 世紀 20 年代起被稱為"美國化"。比如，婦女解放就屬於此類變化，雖然只是相對而言的婦女解放，卻在柏林和上海引起了震動：無論對中國的還是魏瑪共和國的少女來説，美國"姑娘"成了傳統角色模式之外的另一種選擇。

美國娛樂業產品跨越文化邊界更為簡單。源自美國移民社會的文化產品形式運用各種文化都能理解的表達方式，藉着最新的音像錄製記錄和傳播技術，很容易商業化。1895 年發明了電影放映技術，還在一戰之前，在"活動畫面"發明後的短短幾年內就從法國傳到了世界各個文化中心，好萊塢產品出口到了世界各地。美國爵士樂也是熱門的出口商品，歐洲人很快就接受了它的刺激。也就在這個時候，日本出現第一批歐洲晚期浪漫派音樂的愛好者。世界經濟危機首先打碎了人們對建立大眾消費社會的希望，越來越多的專制政權也對美國文化影響的繼續傳播實行限制。儘管如此，甚至在納粹德國都有人接受大量美國的技術以及生產、消費和娛樂方式。[125] 電影工業不僅出現在歐洲，而且也出現在印度和日本。

不過，二戰才使美國成了戰後經濟、政治、文化全球化趨勢的發源地。這體現在三個方面：(1) 1941 年參戰後，富蘭克林·羅斯福領導下的美國認為自己作為強國必須從民族利益出發參與決定世界秩序，不能再讓戰略和經濟要地落入敵國手中。(2) 世界大戰乃是一種高度意識形態化的衝突，也是充滿種族主義情緒的衝突。由交戰雙方的綱領動員起來的忠誠者跨越民族界線：殖民地的解放運動 (比如在印度) 支持自己在戰前曾激烈反對的殖民統治者，或者 (比如在緬甸) 站在日本一邊與歐洲殖民者為敵；內奸和抵抗主義者 (這兩個範疇之間並非涇渭分明) 站在外國軍隊一邊與本族為敵；納粹德國的黨衛軍在歐洲各地招募他們認為是 "北邊" 的人。界線含糊不清，也就找不到通往一種新的跨民族秩序的道路。只有以美國為首的、戰無不勝的同盟國的綱領才以全球聯繫的機構化為目標，並試圖通過對社會、經濟、國際關係進行全面革新而努力實現這個目標。(3) 美國工業為同盟國軍隊提供作戰武器和運輸機械，它的生產潛能乃是同盟國獲勝的決定因素。由於不會受到直接軍事威脅，美國工業就能再次大規模地發展其標準化批量生產的組織。同盟國、尤其美國的戰時經濟以合理化、宏觀經濟調控、國際整合的批量生產和充分就業為特點，許多歐洲人和日本人認為這是在自己家鄉恢復經濟和重建社會的榜樣。由此看來，1945 年成為一個全球性的日期，不僅是因為它意味着一場世界大戰結束了，一場比以往任何歷史大事都更影響人類存亡的戰爭結束了，而且也因為根據戰勝者的意願，一個新的世界秩序將會建立起來。世界危機和世界大戰的經驗帶來的結果是一種首先由美國推行的全球性現代化方案。

六 1945年至20世紀70年代中期：全球化一分為二

1. 政治空間：力量集團、民族國家和跨民族運動

20世紀的第二個戰後時期，在法國稱為"光榮三十年"，在盎格魯撒克遜世界稱為"黃金年代"。它完全不同於第一個戰後時期。在短短的幾十年裏，完成了經濟、社會、文化的全面轉型，其全面性前所未有。隨着這一轉化的進展，世界上無數新的聯繫建立起來，超越國家的互動空間開始機構化，生產形式和政治組織形式開始同質化。雖然如此，歷史學家還是更多地在一戰前、而不是在1945年後尋找與當下的全球化類似的現象，他們強調，戰後時期的結構和思維模式在20世紀70年代就開始瓦解了。戰後的特徵與其說是全球性，毋寧說是一

系列相互重疊的行為空間和行為鏈條，其範圍超越了國家，但還沒有延伸至全球。這些行為空間和行為鏈條，大多是政治決策的結果，是關於跨民族聯繫的允許範圍和允許強度的政治決策的結果。

戰後時期最重要的政治結構，根本不是同盟國原先計劃的：世界分成了兩大陣營，在意識形態和強權政治方面相互競爭。[126] 這種陣營劃分對國際的、跨民族的、世界範圍的聯繫，對經濟、政治互動空間的結構，都產生了深刻的影響。德國和日本的崩潰留下了地理政治上巨大力量的真空期。美國和蘇聯的力量比起所有其他國家遙遙領先，但其政治的意識形態觀念截然不同。重建的問題、政治新開端的問題、不少這類緊迫的問題既無法推延，也不可能以攜手合作的方式解決。於是在1945-1950年間產生了一種雙極的地理政治結構：歐洲被"鐵幕"一分為二，毛澤東領導下的共產主義者在中國取得了勝利。在1950-1953年的朝鮮戰爭（實際上這是美國和中國之間的戰爭）中，雙方都損失慘重，最後只能停戰，"維護現狀"，形成了僵局。兩個"超級大國"此時都已擁有了核武器，在戰場上或以敵方城市為目標使用核武器是美蘇各自軍事戰略的核心部分。在柏林和古巴雙重危機期間（1958-1962年），人們真的開始考慮實施第一次核打擊的問題，以相互核威脅為基礎的共處成為了國際常態。[127] 威脅是"不可分的"，也就是全球性的：其工具是洲際導彈、監視空域的雷達和衛星、在水下全球游弋的核潛艇，其核心內容是威脅消滅地球上的生命。

不過，只有在生存受到威脅（或者預警系統出錯）的情況下，超級大國之間才會發生直接的軍事衝突。這點最終有利於陣營內部的分化瓦解。"多米諾骨牌理論"(Dominotheorie) 就描述了美國高層的噩夢，他們擔心自己捍衛的那些政權會接二連三地被共產主義滲透。出於這個原因，美國覺得有必要出兵保護反共的南越，抵禦共產主義的北越。這種陣營分化的一個徵兆是，儘管美國在多米諾骨牌理論的影響下，聲稱"在湄公河畔"就是保衛柏林，但這種說法卻沒能贏得盟友的支持。所以，美國政府在 60 年代末開始追求以 19 世紀力量體系為取向的多極化，以代替目前的兩極格局，並力圖使中國成為蘇聯的對手。

陣營的形成，也反過來對政治組織的其他層面產生了影響。蘇聯的影響區主要是軍事的安全區，在這裏逐漸開始全面推行史太林主義的社會和經濟制度。蘇聯與其盟友之間形成了一種傳統的霸權關係，這反映出蘇聯的結構缺陷，說明它是僅在軍事上有競爭力的"不完整的超級大國"。[128] 中國和南斯拉夫扮演着特殊角色，這兩個國家不再與蘇聯結盟，但卻堅持共產主義道路。南斯拉夫維持和世界各國的接觸，而中國在 60 年代基本上閉關自守。

而在西方，陣營的形成帶來的後果要複雜得多。美國並不滿足於建立一個安全區，其有三重目標：一是抵抗共產主義，二是使開放的資本主義世界經濟安全化和機構化，三是實現西歐和平，説白了就是將德國（西德）納入自己的陣營。為達此目的，唯一可能的手段是經濟繁榮、政治穩定的民族國家之間的協調。這種全面的方案從全球角度來看是與整合背道而馳的，因為它將"西方"的內部重組置於與蘇聯的妥協之上，從而促進了陣營的形成，但同時也在西方陣營內部引發了一波地區性的整合。[129] 只有國防是在美國霸權的指揮棒下組織起來的，而在其他領域則逐漸形成了一種聯合型的多邊主義，各民族國家在其中擁有足夠的行動空間。這點尤其體現在受美國人支持、但由歐洲人實施的歐洲整合過程上。隨着煤鋼共同體（1952 年）和歐洲經濟共同體（1957 年）的建立，部分民族主權割讓給超國家（supranational）機構，一種全新的、不斷發展的、介於邦聯和聯邦之間的政治組織形式誕生了。[130] 在歐洲委員會的框架中，第一次可以向超越國家層面的法院就基本人權問題提出訴訟。此外，西方國家還屬許多追求經濟目標的組織，這些組織使合作機構化了，雖然沒有限制民族國家政府的法定主權，但卻限制了它們的自主性。

這種多邊主義，特別是歐洲整合，被描述成對民族國家的主權實行限制的過程。不少歐洲統一觀念的先驅者確實認為，整合的目的就是使各民族國家合併成"歐洲合眾國"。然而，歐洲統一也是一個歐洲各民族國家出於自身利益而推進的工程。在歐洲結構框架中進行經濟和政治合作，甚至可能是民族國家模式繼續存在的前提。[131] 新型的歐洲民族國家在其"成熟期"基於這樣一種廣泛共識：(1) 純粹的經濟自由主義理論在經濟危機中聲名狼藉，強權國家的民族主義野心在二戰中徹底失敗了；(2) 面對來自"蘇聯帝國"的威脅，"西方"必須抱團取暖，同舟共濟。現時的恐懼和歷史的經驗，促成了國家之內和國家之間的妥協，而這些妥協使得重新強大起來的歐洲民族國家成為協調的論壇，一個在保證社會內部穩定和融入國際社會這兩種要求之間進行協調的論壇。只有在這個基礎上，戰後時期才會產生大量多邊的經濟聯繫和政治聯繫，理論家們因而提出了"後國際政治"(postinternationale Politik) 的說法。[132]

歐洲民族國家也是"後帝國的"(post-imperial) 國家。戰勝國的殖民帝國在戰後並沒能維持多久。英國早在 1947 年就讓印度和巴基斯坦獨立了,因為它發現自己的資源在戰時消耗過大,現在已不敷使用,除了維持大國地位和建設福利社會之外,還要在軍事上保證自己在亞洲的統治,實在是力不從心了。緬甸和錫蘭 (Ceylon) 也隨之獲得了獨立,荷蘭也放棄了在印度尼西亞的殖民帝國。美國迄今為止一直反對殖民主義,但隨着冷戰的加劇,它開始把歐洲的殖民統治當做反共的堡壘,認為殖民地市場對歐洲盟國的經濟穩定至關重要。所以它支持法國在印度支那鎮壓民族共產主義獨立運動的戰爭。這一戰略隨着1954 年法國人在莫邊府 (Dien Bien Phu) 的失敗而失敗,越南陷入了分裂,法國人撤出了亞洲。帝國秩序和冷戰秩序只是在短時期內相互疊合的。 1956 年,美國和蘇聯共同施壓,結束了法國、英國、以色列對堅持獨立、要求地區領導權的埃及的武裝干涉。美國此舉是要阻止盟國在殖民戰爭中浪費那些保衛歐洲急需的資源,不讓盟國將全世界的解放運動推向共產主義者一方。美國支持去殖民化,為那些站隊"正確"的新建國家提供經濟援助。在蘇伊士運河危機和阿爾及利亞戰爭 (1954-1962) 的陰影下,殖民地獨立運動的成功希望大大增加了。 60 年代初,除了世界上少數幾個地方,殖民帝國迅速灰飛煙滅了。

殖民統治者後退了,但並沒有後退到地方政治結構、經濟方式、文化模式的"原狀",而是導致了一些與世界經濟和世界政治接軌的民族國家的誕生:1950年全世界共有81個國家,1960年增至90個,1970年已達134個。[133] 這些新生國家中的絕大部分並不具備條件,不能發揮民族主權國家的作用。這也是出現以下現象的原因之一:在去殖民化和冷戰的條件下,20世紀的一種可疑的政治革新,即軍人獨裁統治,迅速四處蔓延。新生國家有一系列共同要求,首先是解決"發展滯後"的問題,以及避免自己被世界政治實力集團吞併。這點體現在不結盟國家運動中,體現在爭取亞非團結的努力中,體現在對發展援助和世界秩序公正化的要求中。然而"第三世界"也因利益對立而分裂;同時,政治主權並不能帶來真正的自主,尤其是經濟上仍然依賴"第一世界",這些痛苦的經驗也使人傾向於強調自足和主權的政治。第三世界未能成為跨國家的政治聯繫和合作的空間。

歐洲之外的國家主要可在聯合國的框架發出自己的聲音,它們很快在那裏成了多數。1946年,50個國家在三藩市建立了聯合國,取代原來的國際聯盟。[134] 本來它應該成為一種部分法律化的、由大國共同制定的戰後秩序的中樞機構，但是因為兩大陣營的形成而落了空。由於蘇聯的抵制政策，聯合國暫時幾乎成為了西方的論壇。到了 50 年代末，"南方國家"成功地使反對殖民主義和發展滯後的鬥爭成為聯合國辯論的主要話題，從而使國際輿論意識到這些問題。聯合國大會使法國在阿爾及利亞的殖民統治聲名狼藉 —— 包括在法國的盟友那裏。[135]

聯合國令一些原則被機構化，如民族自治和主權的概念，及基本人權不可讓渡的思想。這些 (有潛在衝突的) 原則現在成了全世界都能用來推理論證的資源。民族國家主權包含甚麼權利和義務，越來越多地在聯合國的框架中確定下來。但是，在兩大陣營對立的情況下，對這些權利和義務的界定首先是一種宣傳手段，對此是否遵守也總是以雙重標準來衡量的。

跨國的政治團結在第二次世界大戰之後繼續起着重要作用。冷戰陣營內部的共同點，反殖民爭自由的戰鬥，還有 60 年代末的抗議運動，所有這些都促生了跨國的政治空間，使得民族國家的"內政"越來越多地取決於超越國家範圍的主題和經濟狀況，政治要求在全世界日益趨同。50 年代跨國的反共知識分子以及反殖民運動的團結還都是跨國話語空間之內的精英現象，而 60 年代以學生為主體的抗議運動則大大拓寬了跨國政治化的社會基礎。國際上的轉型和國內社會的轉型，這兩者之間的關係在冷戰期間特別密切，在此也清晰地表現出來。但是，要理解抵抗運動的訴求，就也要關注二戰後那些年裏經濟和社會文化的轉型。

2. 世界經濟機構

1948 至 1958 年，世界經濟的年增長率平均為 5.1%，而在 1958 至 1970 年間甚至達到 6.6%。同時，世界貿易（就像 1914 年前一樣）的增長幅度也高於生產：相應的均值分別是 6.2% 和 8.3%。[136] 這次 "大繁榮" 從很多方面來看也是一波全球化浪潮，因為它加強了資本、商品和人員的洲際流動，和世界經濟的機構框架的形成緊密相關。

根據二戰同盟國的設想，聯合國的世界政治秩序應該面對一種新的世界經濟秩序。1944 年在布雷頓森林會議上，同盟國就自由的世界經濟在法律和機構方面的基本框架達成了一致。這一框架主要防止如在一戰和二戰之間那樣以限制商品和資本流通為手段單邊解決經濟問題，所以必須努力使這些領域的國際合作與追求充分就業的政策保持一致。為了這個目標，建立了一些至今形成經濟全球化的機構：世界銀行（原稱 "國際復興開發銀行",即 IBRD) 為戰後重建和長期經濟現代化提供貸款;國際貨幣基金組織 (IMF) 建立了固定匯率體系,幫助成員國解決短期的國際收支平衡問題;關稅及貿易總協定 (GATT) 則為全面削減關稅的談判提供論壇。與一戰後的做法不同,美國免除了盟國的債務,但卻期待它們採取有利於世界自由貿易的措施,也就是放棄建於 30 年代的關稅體系,尤其是大英帝國的關稅。

戰後經濟計劃比戰後政治計劃更快地失敗了。儘管如此,在西方內部 (即在北美、西歐、日本和澳洲) 還是產生了一個經濟多邊性的新空間。具體說來,下列幾點比較重要:

(1) 戰爭破壞了歐洲經濟,美國的地位無人能及,這使得一種新的世界經濟分工不可能自動形成。但是,在與蘇聯的對抗不斷升級的情況下,美國於 1947 年決定花錢實施一項大規模重建計劃,即使費用大大超出原先的預計,而且這樣做也意味着擱置布雷頓森林會議的原則。由此產生的馬歇爾計劃使得歐洲人有錢進行重建,進行對穩定社會有利的消費,同時也 (這點可能更重要) 迫使歐洲人相互合作。[137] 世界其他地方的"自由國家"也獲得了美國的援助。

(2) 雖然在嚴格意義上,布雷頓森林會議決定建立的機構並未能像計劃的那樣運作，但是會上被接受的原則還是成了經濟政策行為的參照點，成了"在西方"越來越活躍的經濟交流的基礎。當然，試圖實施這些原則的過程是漸進的，不完美的。只要各國出於穩定內政和自由制定經濟政策的原因而認為有必要，貨幣可兌換和貿易自由化的步伐就會放緩。經常會以小範圍的局部自由化，比如歐洲支付同盟或歐洲經濟共同體，取代布雷頓森林會議原則的嚴格實施。貿易關係和資本關係的廣度和強度均不及 1913 年的水平。在歐洲經濟共同體保護主義的農業政策涉及的領域，世界經濟分工的結構就不可能形成。

(3) 在冷戰條件下，西方政治精英們認為自己是相互依賴的。原則上加入由美國主導的制度，這點是毫無疑問的，就像美國人願意妥協是毫無疑問的一樣。這點同樣也適用於國內政治動力，鑒於"制度之爭"，分配政策方面的要求現在變得容易實現了。總的看來，這也有助於提高現有世界經濟格局的可接受度。至少對繁榮起來的歐洲來説是這樣。布雷頓森林體系也有其或多或少強行整合的邊緣，即拉美和亞洲的那些由美國支持的、有時通過武力干涉而建立起來的專制國家和軍人獨裁國家。

(4) 最後，當時普遍的樂觀氣氛也起着重要作用，純粹的戰後重建很快就轉向了史無前例的經濟增長。50 年代末，美國長久以來第一次出現貿易和收支逆差，這說明歐洲人正在迎頭趕上，是世界經濟正常化的徵兆。這種增長也使得國際經濟秩序合法化了。同時，各種增長力（從馬歇爾計劃到不斷增加的貿易和技術轉讓直至國際收支平衡的機制）本身就在很大程度上呈現出世界經濟的特點。

世界經濟網絡化的這種（並非自然而然的）動力，不久卻（與花費鉅資介入世界政治的美國一起）導致了布雷頓森林體系的失敗。早在 1961 年，隨着主要貨幣的自由兌換，布雷頓森林體系的一項核心內容得以實現，美元就開始遭受巨大壓力：全靠了一系列緊急措施如資本控制、各歐洲國家央行干預、貿易限制等，美元價值才穩定下來。是削減開支，還是放棄維持美元匯率？尼克森政府在 1971 年選擇了後者，美元與黃金脫鈎了。貨幣匯率通過國際協商重新確定，但不久後就完全放開了。

布雷頓森林基本原則是 1) 固定的匯率；2) 商品和資本的自由流通；3) 國家經濟政策的自由。這三者其實難以互相協調。最後，布雷頓森林體系因其內在矛盾而失敗了。內在矛盾公開顯露出來，原因在於"體系內的漏洞"。這些漏洞使得全球化也可能發生在國家機構渠道之外，尤其是在針對美元炒作的私人黃金市場上，還有在所謂歐洲美元市場上。後者是指以在美國境外賺得的美元做生意，美元存在歐洲（主要是倫敦的）銀行裏，銀行拿這些美元放貸。國家試圖對利息、貨幣量、資本流通範圍進行控制，而這些資本卻不受其限。這就是如今不受調控的資本市場的起源。

世界經濟網絡的其他渠道大多數仍處於國家的嚴格調控之下。和資本市場的發展最具可比性的是航運業的發展，儘管這種生意的特點明顯得多，在給予船公司方便的國家中，也有一個類似的不受調控的全球運作基礎。然而，即使航運業也只是日益完善的陸海系統的一部分，這些系統通過輸油管、集裝箱等革新變得越來越有效率，但是也因此扎根於國家的領土。國家的控制在航空業中體現得更為充分。在 50 年代，尤其是在噴射機成功投入商用（1958 年，波音 707）之後，航空業迅猛發展。洲際飛行成為了平常的事情，機場和飛行保障服務的全球系統也形成了。但是（在大多數情況下至今如此）航空公司並非按照市場經濟原則來經營企業，而是經常依靠巨額補貼的、在封閉市場內運作的國家面子工程。國家對郵電通信基礎設施也有明顯影響，直到 20 世紀 90 年代，國營企業在這一領域還佔有近乎壟斷的地位。

即使在跨國公司的活動中，國家的影響力也體現出來。私營企業屬於最成功、最穩定的跨界組織。[138] 19 世紀世界經濟的誕生基本上是私有經濟活動的結果。當時就出現了第一批跨國公司，它們的生產是縱向整合的，即從原料生產到最終產品上市銷售整合在一起。此外還有第二類跨國公司，它們可以回溯到 19 世紀 80 年代起的貿易保護主義：為了越過關稅壁壘，直接在受保護的市場進行生產，企業在國外設立分公司，分公司是總公司的縮小版拷貝，可以充分利用總公司的技術和組織手段。不難理解，這類國際企業活動在兩次世界大戰之間的經濟碎片化的大氣候下興盛起來，即使在 1945 年之後也佔有主導地位，首先是歐洲人開始時無力消費必須以美元支付的進口產品，然後是“共同市場”的外部邊界，這些情況刺激了美國企業在歐洲設點開廠。到了上世紀 60 年代末，歐洲和日本公司才開始建立類似的結構。這就是說，跨國公司的活動受到關於關稅和轉讓的規定的影響。但同時，跨國公司也可以通過商品和貨幣流動的內在化，為自己贏得巨大的活動空間。美國跨國公司在國外獲得的利潤，是歐洲美元市場的源泉。[139] 當然，跨國公司也直接影響貧國和小國的政治決策，這些國家在總經濟效率方面落後於大型的跨國公司。如今的跨國公司組織起了全球

生產網絡，每個生產步驟都分別安排在成本最低的地點，這些
公司本身卻是上世紀 70 年代以來商品市場和資本市場自由化
的產物。

　　航運、貿易、電信、航空以及跨國公司的活動織成了全球
性的網絡，它們超越了布雷頓森林的世界，將第三世界和蘇聯
的勢力範圍也納入其中，但不包括追求極端的經濟、政治、文
化自主的中國。儘管如此，共產主義的"第二世界"和後殖民
國家的"第三世界"之間的經濟聯繫還是相對鬆散的。完全融
入世界經濟之中的主要是近東和中東的石油國家，它們在世界
石油產量中的份額不斷增加，因為隨着煤炭的衰落和汽車的興
起，石油成了發達國家不可或缺的資源。[140] 除此之外，在不屬
於"西方"的地區盛行這樣一種經濟政策，它遵循兩次世界大
戰之間的蘇聯模式，在中央政府調控經濟的條件下快速推進工
業化，與世界經濟之間只有極具選擇性的聯繫。共產主義國家
在經濟上組成了經濟互助委員會 (經互會)，但還是停留在純
粹的雙邊貿易往來上，一直到上世紀 60 年代中期建立了"轉帳
盧布"(Transferrubel) 和一家結算銀行為止。在經互會的框架內
協調各國經濟計劃，組織各國經濟分工，這種努力在上世紀 50
年代中期失敗了，因為當時有些國家表示反對，它們不願意讓

別人來規定自己的經濟特色。

　　大多數第三世界國家也推行與世界經濟脫鈎的工業化策略，認為世界經濟對它們的發展滯後負有責任。世界市場似乎意味着難以預料的需求波動、令人窒息的競爭壓力，以及在財政上依賴別人。由中央政府主導的工業化希望通過將資源集中於主要工業和"替代進口"(即以本土產品抵制進口) 而迅速發展；關鍵是阻止不受限制的跨國聯繫。從上世紀 50 年代開始支付的發展援助也可以納入這一框架，它同樣屬於冷戰時期的妥協結果。拉美和印度的替代進口的工業化開始時還算順利，但不久就受阻於狹窄的國內市場、僵化的利益集團政治和官僚主義。相比之下，這種工業化在東亞的變體就較為成功。在東亞，人們依照弗里德里希・李斯特 (Friedrich List) 差不多在一個半世紀前提出的"教育關稅"概念，系統地培育了能進入世界市場的工業，並很快促使這些工業對外出口產品。[141] 這是在效法在 60 年代後期終成一流工業強國的日本。類似的發展也發生在臺灣、南韓、香港、新加坡，在此時已經初露端倪。只有在這裏，經濟增長才成功地轉化為人均收入的穩定增長。而在第三世界的其他地方，經濟增長基本上被人口增長抵消了。

3. 社會文化的全球化

在 50 年代的社會理論中，人們普遍相信世界會在現代化過程中快速地實現整合化和同質化。人們區分傳統的、非工業的團體和現代的、工業化的、高度分化的社會，並認定有一條正常的社會發展之路，即從一種狀態通向另一種狀態，最終達到世界範圍的現代化。於是，貧困的、尚未工業化的社會被稱為"發展中國家"，它們還要在這條規定的道路上經過幾個階段，才能成為民族和工業國家。在發達的社會裏，經濟增長、科層化 (官僚化)、越來越複雜的社會組織似乎成了趨勢，這些日益增強的趨勢與世界觀和具體社會制度無關，所以不久就有人宣佈了"意識形態的終結"和各種制度的趨同。[142]

不過，上世紀 50 年代的社會發展與其說受全球化的影響，毋寧說首先是以離散為特徵。戰後的人口遷移導致了種族混合狀態的結束，在中歐是如此，在以色列和英屬印度也是如此。隨着獨立，信奉伊斯蘭教的巴基斯坦匆忙地從英屬印度分裂出來。在中歐，各個社會的同質化特徵比近代以來的任何時期都明顯。[143] 在日常生活中，所謂廣闊的世界只是體現為地緣戰略意義上的恐懼，即對"俄國佬"或者核戰爭的恐懼；人們沒錢出國旅遊；小範圍的日常問題決定了大多數人的視野。即使通過大眾消費和大眾傳媒的發展，這種狀況的改變仍然非常緩慢。雖然歐洲 50 年代消費社會的發展從一開始起就被稱為是"文化的美國化"過程，富裕確實也首先意味着獲得汽車、冰箱、電視機之類在美國已然常見的消費品，但是這種情況伴隨着一種對社會的美國化現象保持距離的態度，歐洲 50 年代的電視節目也不能説是以美國為導向。[144] 儘管美國的先鋒角色和榜樣功能顯而易見，大眾消費和大眾傳媒首先還是在本國層面上起着整合作用。只有在某些界限確定的環境中，人們才會態度明朗地消費美國娛樂工業的產品 —— 起先是爵士音樂，繼而是某些特定的電影，最後是搖滾，以此與主流規範保持距離，確立自己的亞文化身份。[145]

從上世紀 60 年代起，出現了一系列互相聯繫的社會文化全球化趨勢。首先是來自不同大陸者之間的個人交往日益頻繁。歐洲發生了經濟奇跡，人們能夠充分就業了，接着又開始招募外國勞動力。殖民帝國瓦解了，大量人口從殖民地移居殖民國本土 —— 數百年來一直是人口從歐洲流出，現在開始反向遷移了。歐洲的大城市成了多文化的大都市，它們與周邊地區、移民者的原國家、世界經濟中心之間的聯繫比起它們與所處的國土的聯繫更加緊密。[146] 在世界上其他地方也出現了類似的巨無霸城市；只有在共產主義世界，由於對遷移自由的有效限制和與世界經濟的脫鈎，人們不能獲得豐富的全球化經驗。

日益富裕的歐洲人越來越多地在附近的外國度假，不久後又能包機去遠方的休假天堂了。費用統包的度假遊作為文化交流的論壇，其潛力是有限的。同時，度假旅遊產業將一系列地區帶入了世界經濟。在地球上的工業化地區周圍，逐漸發展起了一些"遊樂邊區"，那裏的工作崗位和稅收完全依賴於客源。維持這些"遊樂邊區"成了外交方針的首要標準，決定了這些旅遊目的地的社會面貌，那裏的人自詡是現代社會之外的完好世界，經常會為了迎合（他們猜想中的）遊客口味而弄出些所謂的"傳統地方特色"來。[147]

在受現代化理論啟發的未來藍圖上，大批量生產、大眾消費和大眾傳媒的全球化是明確的目標。西方、東方和第三世界的宏偉社會項目的共同點是增長。與工業化不同，以工業文明的標準為依據的消費願望和文化選擇的全球性同質化在 60 年代發展迅速。戰後美國在經濟上領先，所以毫不奇怪，全球銷售的美國產品起着先鋒作用：可口可樂在二戰期間就成了世界品牌，麥當勞則在 1971 年之後才在北美之外登場亮相。[148] 電視、電影、廣告，還有和西方大都市中的親友的來往，也使得西方消費品和仿效西方的本國產品（塑料涼鞋、牛仔褲、Ｔ恤）成了每天可見的尋常物件。這是否已經意味着全球的西方化甚至美國化？出於以下兩個理由，對此應持懷疑態度：(1) 雖然主要是美國的跨國企業把新的產品和品位觀念帶到了歐洲、拉丁美洲和亞洲，但是顯然並沒有帶來多少企業組織方法，國民經濟機制就更是沒有了——即使對西方而言，仍然繼續存在大量因國家和地區的不同而不同的"資本主義變體"。[149] (2) 世界文化表面上的西化只能發生在人們這樣做的地方：創造性地獲取，使舶來品適應本土消費情況，從而使進口者有望獲得某種社會、文化或經濟方面的好處。"我"與來自其他文明的"異"之間的衝突，始終也是文明之內的"新""舊"之爭。所以不僅是吸引旅遊者，而且面對同質化的現代，突出自身特色也是強調甚至創造傳統的出發點。

關於全球現代化帶來的福祉，並非沒有爭論。在它已經實現的地方（如在工業化的西方），它也為對全面解放和後物質生活方式的要求提供了空間——比如"六八運動"。在像共產主義第二世界那樣以威權國家形式組織工業化的地方，響起了像"布拉格之春"中那樣的要求自由的呼聲。在第三世界，似乎經常有必要提出另一種原則上的可能性作為模範，以實現中西方資本主義或蘇聯模式難以實現的進步。上世紀 60 年代的抗議運動或許提出了大量只是從當地來看可以理解的要求，但是卻自視為一種對世界同質化的反應，一種對日益由國家強制推行的、以消費和增長為標誌的世界同質化的反應。[150] 越南戰爭 (從 1965 年起美國派出地面部隊作戰) 導致原本分散的、地方性的要求集中起來了，各地的運動也相互聯繫起來了：

(1) 戰爭不僅使世界各地的解放運動覺得自己有一個共同的敵人即 "美式帝國主義和資本主義"，而且也使他們看到了全新的榜樣：毛澤東的文化大革命和切·格瓦拉 (Che Guevaras) 付諸行動的革命是不同以往的革命實踐，完全可以將權威的官僚制度和消費社會的腐敗作用棄之如敝屣。這意味着轉向，幾百年來政治理念總是從歐洲輸出到其他大洲的局面暫時改變了。幾乎完全與世隔絕的中國，幾乎未受 60 年代社會文化潮流衝擊的中國，如今對世界各地的政治綱領產生了巨大的影響。[151] 但是也不能不看到，在這種文化轉讓過程中也有創造性的得着，甚至誤解。

(2) 由於無限制的電視報導，越南戰爭是在全世界公眾的眼前進行的。與以往的戰爭不同，越南戰爭是有目共睹的，而且無論在甚麼地方都是以同樣的方式有目共睹的。加拿大媒體理論家馬歇爾・麥克盧漢 (Marshall McLuhan) 指出，世界變成了一個地球村，具有唯一的共同視野。

(3) 電視畫面動搖了美國的人心，雖然這樣說，不無誇張，但是像電視這種在經濟奇跡時代處於"權勢集團"控制之下的主流媒體顯然也具備顛覆功能。受美國啟發的娛樂性音樂作為一種象徵性的表達抗議的方式，在全世界（包括在美國本土）都可以用來反對美國權勢集團的政策，尤其在英國輸入這種娛樂性音樂的地方更是如此。流行歌曲在 60 年代成為一種全球盛行的表達形式，一種同樣全球銷售的消費品，它也是一種用於對市場經濟表示抗議的資源。

人類對地球這一生存空間的影響成了一個政治問題，這也是 60 年代抗議文化的結果。世界人口從 1950 年的 25 億增加到 1975 年的 40 億。增長和人口爆炸首次形成了一種隨處能感覺到的、在人類活動影響下的全球變化。從 20 世紀開始，人對大氣層的影響才超過了微生物對大氣層的影響。[152] 長久以來，對環境的破壞是在某地形成並在某地被察覺的現象。英國的排放影響到了斯堪的納維亞半島，雖然這在 19 世紀 60 年代就為人們所知，但只是在一個世紀之後才成為政治問題。到了 20 世紀 70 年代，人們才開始把世界氣候當做一個全球現象進行討論。環境容易受損，可用於生產和消費的地球資源終會耗竭，這兩點首次成為了廣泛關注的政治話題。在 1970 年的地球日，2000 萬美國人示威遊行，抗議對大自然的野蠻剝削。1972 年羅馬俱樂部的報告，[153] 標誌着重大的意識轉變。不再只是核戰爭引起的地球突然毀滅，而且野蠻開採和環境污染對地球的逐漸破壞也可能導致全球性的後果。

七　結論

1. 在世紀的轉折點上

上一章中描述的戰後時期的結構，其形式從 60 年代末起發生了改變。最新的 —— 對許多人來說是"真正的"—— 全球化開始了。各門社會科學努力對此進行描述和解釋。從歷史(當代史) 角度來看，以下六點值得引起我們的注意：

(1) 70 年代以來國際政治的最重要的過程是蘇聯和蘇東集團的逐漸腐蝕和最終崩潰。冷戰時期的全球力量結構即"極化的"國際格局由此消亡，但是迄今為止，以美國對世界秩序的要求為標誌的新結構的基本特徵並未真正顯露出來，即使 2002/2003 年對阿富汗和伊朗進行的干涉也沒能使之變得清楚可辨。比較可靠的是以下調查結論：在西方產生的、通過歐洲

安全與合作會議 (KSZE) 而對世界政治產生影響的“後國際”多邊主義在 20 世紀末席捲了全球：人權、世界氣候、自由世界貿易等“獨立主題”變得越來越重要，有關的探討在國際組織和“管理制度”的框架中進行，有關的國際協議的數量不斷增長。國際政治中非政府的活動組織也是有加無減，既包括黑手黨和恐怖集團，也包括其道德上的對立面，如綠色和平、國際人權等可敬的組織。

(2) 在許多情況下，福利型國家 (預防型國家) 也自視為對經濟狀況進行調控的干預型國家。福利型國家的危機也在 70 年代就開始了。這種危機經常被看成是全球化的後果，然而它也曾是新一波全球化浪潮的重要原因。市場自由化、國企私有化以及減稅的政策首先在 1979 年後的英國得以實現，這些都是一種“自發的”經濟全球化，即是為幾無國家調控的全球互動，創造了基本的前提。隨着歐亞區東部的國家社會主義的崩潰，以及隨着中華人民共和國告別“鐵飯碗”這一保障大眾生活的原則，行政主導生活形式的、在一定程度上自給自足的制度也不復存在了。

(3) 國際交流得以自由化，國際商貿和金融關係也就隨之變得更加廣泛和緊密了。1986 年，倫敦這個最重要的世界金融中心發生了所謂"大爆炸"，即對金融的管制放寬了，金融市場隨即飛速發展。此外還有兩種質變：一是遍佈全球、中央集權的多國公司變成了很難說是定位於哪個國家的、在全球對生產進行整合的跨國企業，它構成了一種層級的（即並非純粹網絡型和市場型的）組織形式。二是"新興國家"（主要是東亞"四小龍"）發展成了具有中等技術水平的工業經濟體，一般是以融入跨國公司的生產鏈為途徑。除了共產主義的"第二世界"之外，發展中國家的"第三世界"也開始解體，因為一些國家在物質上接近了西方和日本，而其他大多數國家則根本談不上有任何意義上的"發展"。

(4) 對全球金融市場的繁榮和跨國公司的可組織性而言，對生產大量電腦芯片的"四小龍"的崛起而言，通訊和數據處理技術的進步是決定性的前提條件。互聯網在 90 年代中期後才具備純私人的、"無中心"的組織形式，才成為普通人都可以接觸的技術。就通過數據處理和電子媒體形成網絡這點而言，互聯網與其說是原因，毋寧說是隱喻。[154] 不過，世界的電子網絡化並不是"全面覆蓋"，而是形成了一道新的"數字鴻溝"，橫貫在上網者和不上網者之間。

(5) 電子媒體尤其導致了全球化現象的普及，加強了對全球化現象的反思。現在到處都是來自其他大陸的貨物和文化模式，在市場上咄咄逼人地推銷，可以創意改編，或者不假思索地消費。全球都要説英語，以此為支撐的美國文化會在何種程度上與反向的文化轉換之間達成平衡？要回答這個問題還有待時日。誠然，今天日本文化對西方的影響不如1880年前後造型藝術中的"日本主義"（Japonismus），但是，某些世界公認的時裝、設計和戲劇潮流是在意大利或法國產生的。無論在世界上甚麼地方，跨國公司的商業邏輯都在要求研究需求的本地特色。在全球聯繫中思想，這在20世紀下半葉變得非常普遍。但是一如既往，這種思想只有在一些"自由漂移"的群體那裏才被認同，首先是在國際取向的精英分子那裏，而在經濟尺度的另一端，則是不得不浪跡天涯的經濟難民。但是在這兩個極端之間也逐漸形成了一些居中狀況，比如宗教離散團體也在全球互相聯繫。[155]

(6) 世界範圍的緊密聯繫使得轉讓變得可能和容易了，其中有合法的，但也有非法的，比如販毒、洗錢、偷運和買賣人口。非法的轉讓常在關鍵處融入合法的全球經濟：在西方的金融大都市裏不僅集中了有全球經歷的高薪專家，而且也集中了非法女移民，這些廉價保姆解放了孩子父母的勞動力。[156] 在這類非法聯繫中，哪些是立法過於嚴酷的結果，哪些是必須克服的弊端?一般而言,這只是一個政治和意識形態的立場問題。[157]

2. 通往一個全球化時代

凡此種種,合成了最近的一波全球化浪潮。我們生活在"全球化時代",這種普遍的感受是不無道理的。然而,這是一個以其在量和質上都是新的全球化而有別於以往所有歷史階段的時代嗎?如果說,有一個重大轉折使得全球化至少成了歷史和經驗的關鍵性主題,那麼,這發生在近代早期的大發現、奴隸買賣和"生態帝國主義"的時代,而不是發生在20世紀後期。另一波則從19世紀中期開始,是交通和通訊領域的工業化帶來的結果。全球化趨勢從19世紀末開始就影響了世界上絕大多數人的生活,在第二次世界大戰結束後成為各階層民眾的經驗空間的組成部分。20世紀的全球化趨勢豐富了人類的經驗,尤其是關於世界危機、世界大戰以及世界突然或逐漸毀滅的可能性的經驗。上世紀70年代才再次達到1913年經濟聯繫的密度,在某些領域,1913年仍然標誌着絕對的峰值。[158] 卡爾·馬克思和弗里德里希·恩格斯1848年的《共產黨宣言》中關於全球資本主義的描述,今天讀來依然扣人心弦。[159] 上世紀80年代和90年代發生了一波全球化浪潮,但對這個世界而言，全球性早已不是甚麼特別的東西了。

超越國家的網絡，相互滲透的邊界，這是歷史常態。關於全球化的診斷大多以 19 世紀和 20 世紀初期的歐洲民族國家為出發點，似乎這點不言自明，但是歐洲民族國家不過是後來才產生的例外。自願與外界完全隔絕的經濟空間，從來都是罕見的現象。時髦、成功、擁有國際化市場的"網絡公司"，其先驅在近代早期的商貿帝國 (trading empires) 中就已經有了。我們並不是認為，今天的狀況和 17 或 18 世紀的狀況有直接的可比性，而是認為，被視為當今全球性時代的所謂特徵的模式其實早已有之。

某些全球化理論家更為誇張的論斷，即使對當下而言也缺乏實證支撐，其實經常只是預言或者——積極或消極的——烏托邦。

(1) 地球是唯一有確定範圍的活動空間，其有限性約束了人類。但是這一活動空間尚未佈滿全球性的社會機構，而是依然充斥着五花八門、相互搭接的互動網絡。這些網絡的功能由於被歸於一種囊括萬有的"全球化"之下，所以未能明確地揭示出來，而像被一層面紗遮掩着。大西洋的西北部加上日本 (如同一百年之前) 是互動最為密切的區域。太平洋雖受 1997 年起亞洲經濟危機的影響，但也正在成為一個這樣的區域。全球化了的飛地在西方之外也有：在華南的珠江三角洲有一種出口貿易，企業之間的聯繫以及與中國國民經濟的聯繫都遠不如與跨國公司緊密，有一大批跨國公司讓這些企業在當地生產。[160] 其他地方雖然也依賴於各種世界範圍的網絡，但卻經常不能參與其中，非洲尤其如此。若是僅僅注目於合法的交換關係，那麼非洲就是全球化地圖上的一大塊空白[161]——這也是通過國際軍火買賣、資源轉讓和發展援助而得以維持的那些功能失調的結構帶來的結果。

(2) 全球化會導致民族國家的終結嗎？無論在西方何地，從來就做不到大幅度降低國民收入中由國家管理和分配的份額。參與全球互動最多的國家同時也是國家份額最高的國家。關稅和貿易"戰"絕對沒有成為過去。跨越邊界的遷移都會受到國家的監控和限制。即使干預型國家減少了調控，也並不意味着"民族國家的終結"：在戴卓爾夫人看來正相反，政府退出經濟領域更能突出英國作為民族國家的重要性。[162]

(3) "全球化"是"西方崛起"的歷史的一部分。從這段歷史的開始起，網絡就不曾是和平的、自願接受的相互依賴關係。儘管如此，不能簡單地將全球化等同於（強迫的）西方化或美國化。總是不斷能看到創意改編的現象：人們時常經過理性思考選擇"外來"的解決方式（並在借鑒的過程中予以調整），因為這些解決方式是對早先在別處出現的疑問和難題的初擬答案。

(4) 比起以往，我們今天能更快、花費更少地征服空間。穿越邊界易如反掌，從一國領土"遷移"至另一國領土不再是難事。[163] 然而，身處何地並非毫無意義，所在位置始終意味着命運。自願遷移者和被迫遷移者之間差天共地。聲稱地理空間已被"流動空間"取而代之，這幾乎是一句挖苦話。然而有一點確定無誤：空間產生於網狀連接，而不是相反。以往使用的交通技術非常簡單，但對決意擴張並建立異域聯繫的人而言，海洋、山嶺、荒漠這些天然屏障在那些年代就很少成為不可逾越的壁壘。

3. 全球化：這一概念應該正常化

和"現代化"一樣，"全球化"也不容易標出刻度，不容易量化；我們只能在極有限的程度上說全球化"少一些"或"多一些"。全球化這個集合名詞概括了各個具體過程，但這些過程並非始終是同向和同步的。在人類的近代史上，我們可以不斷發現，經濟加強聯繫和政治"去全球化"同時存在，向着其他文明進行軍事的、帝國的擴張和對其他文明的文化好奇心的枯竭，這兩者是聯繫在一起的。碎片化過程，如在"種族清洗"（即大屠殺和驅逐）中對民眾進行分類揀選，導致了全球難民潮，在願意接受他們的國家裏，新的少數民族社群產生了。美國一方面保障民族國家的存在，捍衛不干涉原則，另一方面卻使得危及民族主權的那些價值機構化了。

　　"全球化"和"現代化"緊密相連。形成結構的遠方聯繫，這在現代之前就有了。然而，是歐洲現代的文化創造性 —— 它以理性、組織、工業、電訊技術為關鍵詞，才使得這些聯繫開始具備全新的範圍和強度。反之，歐洲現代性的發展從一開始起就是在一種全球性的框架中進行的。亞洲，近東的伊斯蘭世界，後來的兩個美洲、非洲、太平洋，這些地方都為歐洲自視為普世文明的藍圖提供了參照點。當地球上的這些地方引來了遊客，成為殖民地，被納入世界貿易網絡之後，就通過全球化的傳輸渠道而接受了來自歐洲和北美的現代化因素，並對之進行改造，當然各地的決心和成就不一，但都使之帶上了自己的特色，形成了所謂多樣現代性（multiple modernities）。[164]

　　作為一個表示可具體描述的全球性結構和互動的總體概

念，"全球化"是有意義的。但它不是一個獨立過程，不是甚麼不可阻擋的歷史運動，不是甚麼不容拒絕的政治現象。恰恰對於一個如此寬泛的概念，我們必須避免"物化"，必須堅持認為即使大規模的宏觀過程也是個體或集體行為的結果。全球性聯繫是由國家、公司、團體、個人建立、保持、改變和摧毀的。全球性聯繫是利益衝突和政治的對象。全球性聯繫會產生獲益者和失利者——摧毀全球化結構的話也同樣會如此。在全球化的背後，是具有不同願景、不同戰略視野的全球化促進者。許多過後顯得相互匹配、似乎具有某種自身邏輯的事情，其實也要歸功於絕非意在全球的行為方式無意中產生的副作用。西班牙流感全球蔓延，國際聯盟（國聯）成立，這兩件發生在1919年的事情都導致了全球化的結果，但是其背後絕對不是甚麼同一類型的"行為"。

全球化概念抹平了這些區別。但是，批判地運用全球化概念可以防止粗俗化的"概念唯實論"。對所有那些歷史學家時而也用的宏大範疇，其實都應該這樣小心謹慎。除了"工業化"、"城市化"、"民主化"之外，"全球化"也進入了用於歷史分析的概念系統。這樣未必會削減"全球化"作為政治鬥爭概念的鋒芒。正像"資本主義"或"帝國主義"一樣，"全球化"保留着論戰潛力。歷史學家發現類似現象古已有之，但他們的這種冷靜和淡定態度並不意味着排除了對當下的政治判斷。

參考資料

一、"全球化"：概念的界定

1　參見 J. Dürrschmidt，《全球化》(Globalisierung)，Bielefeld，2002；J. A. Scholte，《全球化：批判的介紹》(Globalization: A Critical Introduction)，Basingstoke / New York，2000

2　參見 H. van der Loo / W. van Reijen，《現代化——工程與佯謬》(Modernisierung. Projekt und Paradox)，München，1992，242 頁

3　關於這些學者的主要著作見本書末 "推薦文獻"

4　S. Strange，《國家的退卻：世界經濟中的力量擴散》(The Retreat of the State: The Diffusion of Power in the World Economy)，Cambridge，1996

5　相關的歷史見 W. Reinhard，《國家權力的歷史——歐洲比較憲法通史》(Geschichte der Staatsgewalt. Eine vergleichende Verfassungsgeschichte Europas von den Anfängen bis zur Gegenwart)，München，1999，509 頁及以下

6　R. Robertson，《全球化——時空的同質性和異質性》(Glokalisierung – Homogenität und Heterogenität in Raum und Zeit) 載於 U. Beck 主編《世界社會的視角》(Perspektiven der Weltgesellschaft)，Frankfurt a.M.，1998，192–220 頁

7　參見 R. J. C. Young，《殖民慾望：理論、文化和種族的雜交性》(Colonial Desire: Hybridity in Theory, Culture and Race)，London，1995，18–28 頁

8　D. Harvey，《後現代的條件：關於文化變遷的起源的研究》(The Condition of Postmodernity: An Enquiry into the Origins of Cultural Change），Oxford，1989，特別參見 240 頁

9　Scholte，《全球化》(Globalization)，46–50 頁

10　對此的批判見 J. Rosenberg，《全球化理論的荒唐》(The Follies of Globalisation Theory)，London，2000

二、全球化的各種維度

11　依然值得一讀：《F. H. Tenbruck，是社會史，還是世界史？》(Gesellschaftsgeschichte oder Weltgeschichte?) 載於《科隆社會學及社會心理學期刊》(Kölner Zeitschrift für Soziologie und Sozialpsychologie) 41，1989，417–439 頁

12　U. Beck，《甚麼是全球化？全球主義之誤——針對全球化的回答》(Was ist Globalisierung? Irrtümer des Globalismus – Antworten auf Globalisierung)，Frankfurt a.M.，1998，49 頁

13　R. Cohen 主編《劍橋世界移民調研》(The Cambridge Survey of World Migration)，Cambridge，1995；D. Hoerder，《文化接觸：第二個千年的世界移民》(D.Hoerder, Cultures in Contact: World Migrations in the Second Millenium)，Durham，2002；A. Wirz，《奴役和資本主義世界體系》(Sklaverei und kapitalistisches Weltsystem)，Frankfurt a.M.，1984

14　H. Kleinschmidt，《國際關係史——體系史概論》(Geschichte der internationalen Beziehungen. Ein systemgeschichtlicher Abriß)，Stuttgart，1998；B. Buzan / R. Little，《世界歷史上的國際體系：重建國際關係研究》(International Systems in World History: Remaking the Study of International Relations)，Oxford，2000；關於綱領可參見 T. Bender 主編《在全球化時代反思美國歷史》(Rethinking American History in a Global Age)，

Berkeley，2002

15　A. G. Hopkins，《回到未來：從民族史到帝國史》(Back to the Future: From National History to Imperial History) 載 於《往昔與當下》(Past & Present) 164（1999），198–243 頁；L. Colley，《如今帝國史是甚麼？》(What is Imperial History Now?) 載於 D. Cannadine 主編《如今歷史是甚麼？》(What is Imperial History Now?)，Basingstoke，2002，132–147 頁

16　S. Conrad / S. Randeria 主編《超越歐洲中心主義——歷史學和文化學中的後殖民視角》(Jenseits des Eurozentrismus. Postkoloniale Perspektiven in den Geschichts – und Kulturwissenschaften)，Frankfurt a.M. 2002；W. Reinhard，《歐洲擴張史》(Geschichte der europäischen Expansion)，4 卷 本，Stuttgart，1983–1990；另 參 見 J. Osterhammel，《殖民主義——歷史、形式、後果》(Kolonialismus. Geschichte, Formen, Folgen)，München，2003，第 4 版

17　參見 M. Geyer / C. Bright，《全球化時代的世界史》(World History in a Global Age) 載於《美國歷史評論》(American Historical Review 100)，1995，1034–1060 頁

18　如 D.S. Landes，《民族的貧富：為甚麼有的富有的窮？》(Wohlstand und Armut der Nationen. Warum die einen reich und die anderen arm sind)，Berlin，1999

19　參見 J. Osterhammel，《超越民族國家的歷史學——關於關係歷史和文明比較的研究 (Geschichtswissenschaft jenseits des Nationalstaats. Studien zu Beziehungsgeschichte und Zivilisationsvergleich)，Göttingen，2001，第 7 章；P. Pomper 等主編《世界史：意識形態、結構和身份》(World History: Ideologies, Structures, and Identities)，Oxford，1998

20　參見 1978 年起出版的期刊《評論》(erscheint)；基於華勒斯坦

(Wallerstein) 觀點的著作有 H.-H. Nolte，《這一個世界——
國際制度史概要》(Die eine Welt. Abriß der Geschichte des
internationalen Systems)，Hannover，1993，第 2 版；
華勒斯坦的主要著作現有三部：《現代世界制度：資本主義農業
和 16 世紀歐洲世界經濟的誕生》(Das oderne Weltsystem.
Kapitalistische Landwirtschaft und die Entstehung
der europäischen Weltwirtschaftim 16. Jahrhundert)，
Frankfurt a.M. 1986；《現代世界制度（二）：重商主義》(Das
moderne Weltsystem II: Der Merkantilismus)，Wien，
1998；《現代世界制度（三）：資本主義世界經濟大擴張的第二階
段：1730–1840》(The Modern World–System III: The Second
Era of Great Expansion of the Capitalist World–Economy,
1730–1840s)，San Diego，1999（暫且只有美國原版）

21   關於 "納入 (Inkorporation)" 的不同分析角度參見 T. D. Hall，
《視野中的世界體系：大宇宙的小樣本》(The World–System in
Perspective: A Small Sample from a Large Universe) 載
於 R. Robertson / K. E. White 主編《社會學的全球化批判觀念》
(Globalization Critical Concepts in Sociology)，6 卷本，
London，2003，第 1 卷，361–364 頁

22   可作引論：I. Wallerstein，《世界體系分析指南，或如何
避免成為一種理論？》(Wegbeschreibung der Analyse
von Weltsystemen, oder: Wie vermeidet man, eine
Theorie zu werden?) 載於《世界歷史雜誌》(Zeitschrift für
Weltgeschichte 2)，2001，9–31 頁；《華勒斯坦的要點》(The
Essential Wallerstein)，New York，2000

23   N. Luhmann，《社會的社會》(Die Gesellschaft der Gesellschaft，
2 卷本，Frankfurt a.M.，1997，第 1 卷，145–171 頁；R.
Stichweh，《世界社會——社會學分析》(Die Weltgesellschaft.
Soziologische Analysen)，Frankfurt a.M.，2000；T.

Wobbe，《世界社會》(Weltgesellschaft)，Bielefeld，2000

24　參見 F. Barth，《社會概念化中更多的自然主義》(Towards Greater Naturalism in Conceptualizing Societies) 載 於 A. Kuper 主編《社會概念化》(Conceptualizing Society)，London，1992，17–33 頁；U. Hannerz，《跨民族聯繫：文化、民眾、地方》(Transnational Connections: Culture, People, Places)，London，1996，34–56 頁；運用的例子見 R. Loimeier 主編《伊斯蘭世界作為網絡——伊斯蘭語境中網絡說的可能性和局限性》(Die islamische Welt als Netzwerk. Möglichkeiten und Grenzen des Netzwerkansatzes im islamischen Kontext)，Würzburg，2000

25　P. Arndt，《德國在世界經濟中的地位》(Deutschlands Stellung in der Weltwirtschaft)，Leipzig，1913，1–4 頁

26　M. Castells，《網絡社會探索理論資料》(Materials for an Exploratory Theory of the Network Society) 載於《英國社會學刊》(British Journal of Sociology 51)，2000，5–24 頁

27　J. W. Burton，《世界社會》(World Society)，Cambridge，1972，35–51 頁

28　如 G. Therborn，《全球化：維度、歷史起伏、地區效應、規範管理》(Globalizations: Dimensions, Historical Waves, Regional Effects, Normative Governance) 載於《國際社會學》(International Sociology 15)，2000，151–179 頁

29　另參見 H. Lübbe，《網絡密集化——工業社會發展哲學》(Netzverdichtung. Zur Philosophie industriegesellschaftlicher Entwicklungen) 載 於《 哲 學 研 究 雜 誌 》(Zeitschrift für philosophische Forschung 50)，1996，133–150

30　G. Gereffi / M. Korzeniewicz 主編《商業鏈和全球資本主義》(Commodity Chains and Global Capitalism)，Westport, Conn.，1994

31　K. J. Bade，《運動中的歐洲——從 18 世紀後期至今的移民 》(Europa in Bewegung. Migration vom späten 18. Jahrhundert bis zur Gegenwart)，München，2000，67 頁

32　A. W. Crosby，《白人的果實——900–1900 年的生態帝國主 義 》(Die Früchte des weißen Mannes. Ökologischer Imperialismus 900–1900)，Frankfurt a.M.，1991

33　M. Pani. 的《全球化和國民經濟福利》(Globalization and National Economic Welfare)（Basingstoke 2003，4–5 頁）中區分 "自發的"、"未經協調的" 全球化和 "機構化的" 全球化

34　R. Robertson / K. E. White，《全球化概述》(Globalization: An Overview) 載於 R. Robertson / K. E. White 主編《全球化》(Globalization)，第 1 卷，1–44 頁，此處見 8 頁

三、至 1750 年：世界範圍聯繫的建立與鞏固

35　參見 A. G. Frank / B. K. Gills 主編《世界體系：是五百年，還是五千年？》(The World System: Five Hundred Years of Five Thousand?)，London，1993

36　M. McCormick，《歐洲經濟的起源：公元 300–900 年的交往和商業》(Origins of the European Economy: Communications and Commerce A.D. 300–900)，Cambridge，2001

37　L. L. Cavalli–Sforza 等，《人類基因的歷史和地理》(The History and Geography of Human Genes)，Princeton，1994

38　J. Gernet，《中華世界》(Die chinesische Welt)，Frankfurt a.M.，1979，241 頁

39　H. W. Haussig，《中亞和伊斯蘭時代絲綢之路的歷史》(Die Geschichte Zentralasiens und der Seidenstraße in islamischer Zeit)，Darmstadt，1988

40　J. Abu–Lughod，《歐洲稱霸之前：公元 1250–1350 年的世界體系》(Before European Hegemony: The World System A.

D. 1250–1350）, New York, 1989；R. Bartlett,《歐洲誕生於暴力精神——950–1350 年的佔領、殖民、文化變遷》(Die Geburt Europas aus dem Geist der Gewalt. Eroberung, Kolonisierung und kultureller Wandel von 950 bis 1350), München, 1996；M. Mitterauer,《為甚麼是歐洲？一條特殊道路的中世紀基礎》(Warum Europa? Mittelalterliche Grundlagen eines Sonderwegs), München, 2003, 199–234 頁

41　W. H. McNeill,《從古至今的疾病大流行及其對民族和國家的影響》(Die großen Epidemien. Ihre Auswirkungen auf Völker und Staaten von den Anfängen bis zur Gegenwart), Bergisch Gladbach 1983, 第 4 章；Stefan Winkle,《人類之災：瘟疫的文化史》(Geißeln der Menschheit: Kulturgeschichte der Seuchen), Düsseldorf, 1997, 442–448 頁

42　參見 J. Lee,《工業化前的東亞貿易和經濟，約 1500–1800 年：全球整合時代的東亞》(Trade and Economy in Preindustrial East Asia, c. 1500–c. 1800: East Asia in the Age of Global Integration) 載於《東亞研究學刊》(Journal of Asian Studies 58）, 1999, 2–26 頁

43　V. Lieberman 主編《超越二元歷史：再現 1830 年左右的歐亞》(Beyond Binary Histories: Re-imagining Eurasia to c. 1830）, Ann Arbor, 1999

44　J. Black,《戰爭和世界：1450–2000 年各大洲的軍力和命運》(War and the World: Military Power and the Fate of Continents 1450–2000）, New Haven, 1998, 30–32 頁

45　W. H. McNeill,《1450–1800 年的火藥帝國時代》(The Age of Gunpowder Empires, 1450–1800) 載於 M. Adas 主編《伊斯蘭和歐羅巴的擴張：全球秩序的建立》(Islamic and European Expansion: The Forging of a Global Order）, Philadelphia,

1993，103–139 頁

46　對比從原住民的角度對白種人入侵北美的描述：Daniel K. Richter，《從印第安人故鄉直面東方：早期美洲土着史》(Facing East from Indian Country: A Native History of Early America)，Cambridge, Mass.，2001

47　R. White，《這是你的不幸，不是我的：美國西部史》(It's Your Misfortune and None of My Own : A History of the American West)，Norman, Okla，1991，18–24 頁

48　關於之前的歷史，參見 B. Cunliffe，《直面大洋：公元前 8000 年－公元 1500 年的大西洋地區及其人民》(Facing the Ocean: The Atlantic and Its Peoples, 8000BC－AD1500)，Oxford，2001

49　R. Blackburn，《新的世界奴隸制的形成，從巴洛克到現代》(The Making of New World Slavery: From the Baroque to the Modern)，London，1997，166 頁及以下

50　P. D. Curtin，《大型種植園的興亡》(The Rise and Fall of the Plantation Complex)，Cambridge，1990

51　J. K. Thornton，《1500–1800 年非洲大西洋地區的戰爭》(Warfare in Atlantic Africa, 1500–1800)，London，1999，62 頁

52　H. S. Klein，《大西洋奴隸貿易》(The Atlantic Slave Trade)，Cambridge，1999，211 頁（表格 A.2.）

53　D. O. Flynn，《口銜銀匙出生——1571 年的世界貿易起源》(Silver Spoon: The Origin of World Trade in 1571) 載於《世界歷史期刊》(Journal of World History 6)(1995)，201–221 頁

54　R. H. Myers / Yeh–chien Wang，《1644–1800 的經濟發展》(Economic Developments, 1644–1800) 載於 W. J. Peterson 主編《劍橋中國史》(The Cambridge History of China)，第 9 卷，第 1 部分，Cambridge，2002 年版，590 頁

55　F. Braudel，《15–18 世紀社會史》(Sozialgeschichte des 15. bis 18. Jahrhunderts)，3 卷本，München，1985，尤其第 2 卷；R.J.Barendse，《阿拉伯海洋：17 世紀的印度洋世界》(The Arabian Seas: The Indian Ocean World of the Seventeenth Century)，Armonk，2002，152–196 頁

56　P. K. O'Brien，《歐洲經濟發展：邊緣地區的貢獻》(European Economic Development: The Contribution of the Periphery) 載於《經濟史評論》(Economic History Review 35)，1982，1–18 頁

57　A. Hottinger，《阿克巴大帝（1542–1605），以宗教和解統治印度的人》(Akbar der Große（1542–1605）. Herrscher über Indien durch Versöhnung der Religionen)，München，1998，123–139 頁

四、1750－1880 年：帝國主義、工業化和自由貿易

58　參見 H. Gollwitzer，《世界政治思想的歷史》(Geschichte des weltpolitischen Denkens)，第 1 卷，Göttingen，1972，212–222 頁

59　B. P. Lenman，《1688–1793 年的殖民戰爭和帝國的不穩定性》(Colonial Wars and Imperial Instability, 1688–1793) 載於 P.J.Marshall 主編《劍橋大英帝國史》(The Oxford History of the British Empire)，第 2 卷：18 世紀，Oxford，1998，159–163 頁

60　參見 P. Liss，《大西洋的帝國：1713–1826 年貿易和革命的網絡》(Atlantic Empires: The Network of Trade and Revolution 1713–1826)，Baltimore，1983；關於大西洋革命 "黑社會"，參見 P. Linebaugh / M. Rediker，《多頭蛇：水手、奴隸、平民以及大西洋革命的隱形歷史》(The Many–Headed Hydra: Sailors, Slaves, Commoners, and the Hidden History of the

Revolutionary Atlantic）, Boston, 2000

61 參見 J. Klaits / M. H. Haltzel 主編《法國大革命的全球性衍生結果》（The Global Ramifications of the French Revolution）, Cambridge, 1994

62 C. Buchheim,《工業革命：英國、歐洲及海外的長期經濟發展》（Industrielle Revolutionen. Langfristige Wirtschaftsentwicklung in Großbritannien, Europa und in Übersee）, München, 1994; J. Komlos,《工業革命概念一覽》（Ein Überblick über die Konzeptionen der Industriellen Revolution）載於《社會史和經濟史季刊》（Vierteljahresschrift für Sozial– und Wirtschaftsgeschichte 84）（1997）, 461–511 頁; M. Teich / R. Porter 主編《民族語境中的工業革命》（The Industrial Revolution in National Context）, Cambridge, 1996

63 R. Davis,《工業革命和英國海外貿易》（The Industrial Revolution and British Overseas Trade）, Leicester, 1979, 15 頁（表格 2）

64 F. Crouzet,《歐洲經濟史：1000–2000 年》（A History of the European Economy, 1000–2000）, Charlottesville, 2001, 117 頁

65 J.E.Vance,《佔領地平線：16 世紀以來的運輸歷史地理》（Capturing the Horizon: The Historical Geography of Transportation since the Sixteenth Century）, Baltimore, 1990

66 C. Neutsch,《首批"地球神經末梢"：一戰前的洲際海底電纜》（Erste «Nervenstränge des Erdballs»: Interkontinentale Seekabelverbindungen vor dem Ersten Weltkrieg）載於 C. Neutsch / H. J. Teuteberg 主編《從"可視電報"到互聯網——現代電信史》（Vom Flügeltelegraphen zum Internet.

Geschichte der modernen Telekommunikation),
Stuttgart，1998，47–66 頁

67　D. R. Headrick，《當訊息到達法定年齡：理智和革命年代的知
　　識 技 術 》(When Information Came of Age: Technologies
　　of Knowledge in the Age of Reason and Revolution)，
　　Oxford，2000，189–193 頁

68　P. Bairoch，《經濟和世界史：神話和佯謬》(Economics and
　　World History: Myths and Paradoxes)，New York，
　　1993，38–41 頁

69　此概念源自 R. Robinson / J. R. Gallagher，《自由貿易帝國
　　主義》(The Imperialism of Free Trade) 載於《經濟史評論》
　　(Economic History Review 6)，1953，1–15 頁

70　參見 D. Read，《新聞的力量：路透社歷史 1849–1989》(The
　　Power of News: The History of Reuters, 1849–1989)，
　　Oxford，1992

71　參見 D. Crystal，《英語作為全球的語言》(English as a Global
　　Language)，Cambridge，1997，24–63 頁

72　參見 T. Standage，《維多利亞時代的互聯網——19 世紀電報
　　和在線先驅的驚人歷史》(Das viktorianische Internet. Die
　　erstaunliche Geschichte des Telegraphen und der Online–
　　Pioniere des 19. Jahrhunderts)，St. Gallen，1999

73　M. Castells，《訊 息 時 代》(Das Informationszeitalter, Bd.
　　1: Der Aufstieg der Netzwerkgesellschaft)，Opladen，
　　2001，108 頁

74　A. G. Kenwood / A. L. Lougheed，《1820–2000 年國際經濟
　　增長情況介紹》(The Growth of the International Economy,
　　1820–2000: An Introductory Text)，London，1999，第 4
　　版，78 頁

75　C. Dobbin，《亞洲企業少數派：世界經濟形成中的共同體，

1570–1940》（Asian Entrepreneurial Minorities: Conjoint Communities in the Making of the World Economy 1570–1940），Richmond 1996；C. Markovits，《1750–1947 年印度商人的世界：從布哈拉到巴拿馬的信德省商人》（C. Markovits, The World of Indian Merchants, 1750–1947: Traders of Sind from Bukhara to Panama），Cambridge，2000

76　　Bade，《運動中的歐洲》（Europa in Bewegung），69 頁

77　　W. Fischer，《1850–1914 年的歐洲經濟和社會》（Wirtschaft und Gesellschaft Europas 1850–1914）載於 W. Fischer 主編《歐洲經濟史和社會史手冊》（Handbuch der europäischen Wirtschafts– und Sozialgeschichte），第 5 卷，Stuttgart，1985，31、35 頁

78　　S. Drescher / S. L. Engerman 主編《世界奴隸史指南》（A Historical Guide to World Slavery），New York，1998，387 頁；此外還有阿拉伯人組織的 "東方奴隸買賣"，僅在 1820 至 1877 年期間，就至少有 170 萬人從東非被販運到北方和東方（同上，43 頁）

79　　K. H. O'Rourke / J. G. Williamson，《全球化和歷史：19 世紀大西洋經濟的進化》（Globalization and History: The Evolution of a Nineteenth–Century Atlantic Economy），Cambridge, Mass.，1999

80　　W. A. Lewis，《1870–1913 年的增長和波動》（Growth and Fluctuations 1870–1913），London，1978

五、世界資本主義和世界危機：1800—1945

81　　D. Vincent，《群眾文化水平的上升：現代歐洲的閱讀和寫作 》（The Rise of Mass Literacy: Reading and Writing in Modern Europe），Cambridge，2000，10–11 頁

82　　參見 N. Vittinghoff，《中國新聞業的開端（1860–1911）》（Die

Anfänge des Journalismus in China（1860–1911），
Wiesbaden，2002；A. Ayalon，《1875–1914 年埃及的政
治新聞及受眾》（Political Journalism and Its Audience in
Egypt, 1875–1914）載於《文化與歷史》（Culture & History
16），1997，100–121 頁

83   S. Kern，《1880–1918 年的時空文化》（The Culture of Time
and Space, 1880–1918），London，1983，2 頁

84   C. Blaise，《征服時間——桑德福・弗萊明爵士及世界時的發
明》（Die Zähmung der Zeit. Sir Sandford Fleming und die
Erfindung der Weltzeit），Frankfurt a.M.，2001

85   D. S. Landes，《時間革命：鐘錶和現代世界的形成》（Revolution
in Time: Clocks and the Making of the Modern World），
Cambridge, Mass.，1983，287 頁

86   M. Williams，《地球上的森林砍伐：從史前史到全球危機》
（Deforesting the Earth: From Prehistory to Global
Crisis），Chicago，2003，384–385 頁

87   A. Sartorius von Waltershausen，《世界經濟的誕生——18
世紀後 25 年到 1914 年國際經濟生活史》（Die Entstehung
der Weltwirtschaft. Geschichte des zwischenstaatlichen
Wirtschaftslebens vom letzten Viertel des 18.
Jahrhunderts bis 1914），Jena，1931，10 頁

88   J. Dunning，《多國企業和全球經濟》（Multinational
Enterprises and the Global Economy），Wokingham，
1993；M. Wilkins 主編《多國公司的增長》（The Growth of
Multinationals），Aldershot，1991

89   W. Fischer，《擴張——整合——全球化：世界經濟史研究》
（Expansion – Integration – Globalisierung. Studien zur
Geschichte der Weltwirtschaft），Göttingen，1998，
37–48 頁

90　W. Fischer，《一戰前世界經濟秩序——歐洲法律、國際條約、金本位制在擴展國際經濟往來中的作用》(Die Ordnung der Weltwirtschaft vor dem Ersten Weltkrieg. Die Funktion von europäischem Recht, zwischenstaatlichen Verträgen und Goldstandard beim Ausbau des internationalen irtschaftsverkehrs) 載於《經濟學與社會學雜誌》(Zeitschrift für Wirtschafts- und Sozialwissenschaften 95)（1975），289–304 頁

91　F. S. L. Lyons，《1815–1914 年歐洲的國際主義》(Internationalism in Europe, 1815–1914)，Leiden 1963；M. H. Geyer / J.Paulmann 主編《國際主義機制：從 19 世紀 40 年代到第一次世界大戰的文化、社會、政治》(The Mechanics of Internationalism: Culture, Society, and Politics from the 1840s to the First World War)，Oxford，2001

92　W. C. McNeill，《貨幣和經濟的變化》(Money and Economic Change) 載於 R. W. Bulliet 主編《哥倫比亞 20 世紀史》(The Columbia History of the Twentieth Century)，New York，1998，283–313 頁；B. Eichengreen，《從金本位制到歐元——國際貨幣制度史》(Vom Goldstandard zum Euro. Die Geschichte des internationalen Währungssystems)，Berlin，2000

93　J. H. Drabble，《約 1800–1990 年的馬來西亞史：向現代經濟增長過渡》(An Economic History of Malaysia, c. 1800–1990: The Transition to Modern Economic Growth)，Basingstoke，2000，第 4 章

94　Vgl. F. S. Weaver，《世界經濟中的拉丁美洲：從商業殖民主義到全球資本主義》(Latin America in the World Economy: Mercantile Colonialism to Global Capitalism)，Boulder, Col.，2000

95   A. Maddison，《世紀經濟：千年視角》(The World Economy: A Millennial Perspective)，Paris，2001，126 頁（表格 3–1b）

96   A. R. Zolberg，《全球運動，全球壁壘：對移民的回應，1885–1925 年》(Global Movements, Global Walls: Responses to Migrations,1885–1925) 載於 Wang Gungwu 主編《全球移民史》(Global History and Migrations)，Boulder, Col.，1997，279–307 頁

97   德國例子參見以下簡述：Werner Abelshauser，《變革與持續：歷史視野中的德國生產管理》(Umbruch und Persistenz: Das deutsche Produktionsregime in historischer Perspektive) 載於《歷史與社會》(Geschichte und Gesellschaft 27)，2001，503–523 頁

98   A. Estevadeordal 等，《1870–1939 年世界貿易的起伏》(The Rise and Fall of World Trade, 1870–1939)，Washington, D.C.，2002（美國國家經濟研究局工作文件 9431 號）

99   C. S. Maier，《將 20 世紀付諸歷史：現代的另類敘事》(Consigning the Twentieth Century to History: Alternative Narratives for the Modern Era) 載於《美國歷史評論》(American Historical Review 105) 2000，807–31 頁；Knut Borchardt，《歷史視野中的全球化》(Globalisierung in historischer Perspektive)，München，2001

100 S. Neitzel，《強國或沒落？帝國主義時代的世界帝國說》(Weltmacht oder Untergang? Die Weltreichslehre im Zeitalter des Imperialismus)，Paderborn，2000

101 Maddison，《世界經濟》(The World Economy)，242 頁（表格 B–11）

102 W. Nugent，《去西部：那裏的人的故事》(Into the West: The Story of Its People)，New York，1999，131 頁

103　B. Etemad，《瓜分天下：殖民化的量和度，18–21 世紀》(La Possession du monde: Poids et mesures de la colonization (XVIIIe–XXe siècles)，Brüssel，2000，175 頁（表格 13）

104　參見 Lanxin Xiang，《義和團戰爭的起源：多民族研究》(The Origins of the Boxer War: A Multinational Study)，London，2003

105　W. Woodruff，《西方人的衝擊：1750–1960 年歐洲在世界經濟中的角色研究》(Impact of Western Man: A Study of Europe's Role in the World Economy 1750–1960)，NewYork，1966，253 頁（表格 VI/1）

106　I. Clark：《全球化和碎片化──20 世紀的國際關係》(Globalization and Fragmentation, International Relations in the Twentieth Century)，Oxford，1997，33 頁及以下

107　P. Reinsch，《公共國際聯合會及其工作和組織──國際行政法研究》(Public International Unions: Their Work and Organization. A Study in International Administrative Law)，Boston，1911

108　D. Riesenberger《為了戰爭與和平中的人道主義──國際紅十字會 1863–1977》(Für Humanität in Krieg und Frieden. Das Internationale Rote Kreuz 1863–1977)，Göttingen，1992

109　參見 D. Lüddeckens，《1893 年宗教世界議會──19 世紀各宗教交往結構》(Das Weltparlament der Religionen von 1893. Strukturen interreligiöser Begegnung im 19. Jahrhundert)，Berlin，2002

110　J. Dülffer，《反戰規則──國際政治中的 1899 和 1907 年海牙和平會議》(Regeln gegen den Krieg. Die Haager Friedenskonferenzen 1899 und 1907 in der internationalen Politik)，Frankfurt a.M.，1981

111　H. Strachan，《第一次世界大戰》(The First World War)，第

1 卷：拿起武器，Oxford 2001；G. Hardach，《1914–1918 年的第一次世界大戰》(G. Hardach, Der Erste Weltkrieg 1914–1918)，München，1973，尤其第 9 章

112 參見 A. Offer，《第一次世界大戰：一種農業角度的解釋》(The First World War: An Agrarian Interpretation)，Oxford，1989

113 G. Kolata, Flu：《1918 年大流感和尋找其病毒的故事》(The Story of the Great Influenza Pandemic of 1918 and the Search for the Virus that Caused It) London，1999

114 T. H. v. Laue，《西化的世界革命：全球視角中的 20 世紀》(The World Revolution of Westernization: The Twentieth Century in Global Perspecitve)，5、99–147 頁

115 E. Hobsbawm，《極端的時代：20 世紀世界史》(Das Zeitalter der Extreme. Weltgeschichte des 20.Jahrhunderts)，München，2000，第 4 版，186 頁

116 當時的著作有 J. M. Keynes，《和平的經濟後果》(The Economic Consequences of the Peace)，London，1919，第 2、6 章

117 D. H. Aldcroft，《1914–1990 年歐洲經濟》(The European Economy, 1914–1990)，London，1993，57–62 頁

118 H. James，《全球化的終結：大蕭條的教訓》(The End of Globalization: Lessons from the Great Depression)，Cambridge, Mass.，2001，117 頁

119 參見 B. Eichengreen，《黃金鐐銬：金本位和大蕭條 1919–1939》(Golden Fetters: The Gold Standard and the Great Depression, 1919–1939)，Oxford，1992

120 參見 D. Rothermund，《1929–1939 年經濟危機中的世界》(Die Welt in der Wirtschaftskrise 1929–1939)，Münster，1992

121 參見 D. Cohen，《撰史、戰爭和戰爭罪行：展示二戰》(Historiography, War, and War Crimes: The Representation of World War II) 載於《法律史雜誌》(Rechtshistorisches Journal 19)，2000，413–431 頁

122 D. Reynolds，《美國全球主義：質量、運動和倍數效應》(American Globalism: Mass, Motion and the Multiplier Effect) 載於 A. G. Hopkins 主編《世界史上的全球化》(Globalization in World History)，London，2002，243–260 頁

123 A. Doering–Manteuffel，《德國人有多麼西化？20 世紀的美國化和西方化》(Wie westlich sind die Deutschen? Amerikanisierung und Westernisierung im 20. Jahrhundert)，Göttingen，1999，20–34 頁；R. F. Kuisel，《引誘法國：美國化的困境》(Seducing the French: The Dilemma of Americanization)，Berkeley，1993

124 D. A. Hounshell，《從美國體制到批量生產，1800–1932 年：美利堅合眾國製造技術的發展》(From the American System to Mass Production, 1800–1932: The Development of Manufacturing Technology in the United States)，Baltimore，1984

125 P. Gassert，《美國在第三帝國：1933–1945 年的意識形態、宣傳和民意》(Amerika im Dritten Reich. Ideologie, Propaganda und Volksmeinung 1933–1945)，Stuttgart，1997

六、1945 年至 20 世紀 70 年代中期：減半的全球化

126 W. Loth，《世界的分裂——1941–1955 年冷戰史》(Die Teilung der Welt. Geschichte des Kalten Krieges 1941–1955)，München，2000

127 參見 M. Trachtenberg，《構建的和平：解決歐洲問題，1945–1963》(A Constructed Peace: The Making of the European Settlement 1945–1963)，Princeton，1999

128 參見 A. Doering–Manteuffel，《作為體系史的國際史——19 和 20 世紀歐洲國家體系的結構和行為模式》(Internationale Geschichte als Systemgeschichte. Strukturen und Handlungsmuster im europäischen Staatensystem des 19. und 20. Jahrhunderts)；載於 W. Loth / J. Osterhammel 主編《國際史——主題、結果、前景》(Internationale Geschichte. Themen, Ergebnisse, Aussichten)，München，2000，93–115 頁；O.A.Westad 等主編《蘇聯在東歐，1945–1989》(The Soviet Union in Eastern Europe)，Basingstoke，1994；Paul Dibb，《蘇聯：不完整的超級大國》(The Soviet Union: The Incomplete Superpower)，Urbana，1986

129 Clark，《全球化和碎片化》(Globalization and Fragmentation)，137–140 頁

130 G. Lundestad，《整合的"帝國"：美利堅合眾國和歐洲一體化，1945–1997》("Empire" by Integration: The United States and European Integration, 1945–1997)，Oxford，1998

131 參見 A. S. Milward，《歐洲拯救民族國家》(The European Rescue of the Nation State)，Berkeley，1992；W. Loth，《通往歐洲之路——歐洲一體化歷史 1939–1957》(Der Weg nach Europa. Geschichte der europäischen Integration 1939–1957)，Göttingen，1991，第 2 版

132 參見 J. N. Rosenau，《世界政治的動盪：變化和持續的理論》Turbulence in World Politics: A Theory of Change and Continuity)，London，1990

133 Held 等，《全球轉型：政治、經濟、文化》(Global Transformations: Politics, Economics and Culture)，Cambridge，1999，54 頁

134 參見 P. J. Opitz，《聯合國：歷史、結構、前景》(Die Vereinten Nationen. Geschichte, Struktur, Perspektiven)，München，2002

135 M. Connelly，《外交革命：阿爾及利亞獨立鬥爭和冷戰後時代的起源》(A Diplomatic Revolution: Algeria's Fight for Independence and the Origins of the Post–ColdWar Era)，Oxford，2002

136 Lewis，《增長和波動》(Growth and Fluctuations)，69頁

137 M. J. Hogan，《馬歇爾計劃：美國，英國，西歐的重建，1947–1952》(The Marshall Plan: America, Britain, and the Reconstruction of Western Europe, 1947–1952)，Cambridge，1987；H. Berger / A. Ritschl，《歐洲分工的重建——馬歇爾計劃在德國的新觀點》(Die Rekonstruktion der Arbeitsteilung in Europa. Eine neue Sicht des Marshallplans in Deutschland) 載於《當代史季刊》(Viertel jahreshefte für Zeitgeschichte 45)，1995，473–519頁

138 G. Jones，《商貿企業和全球化世界》(Business Enterprises and Global Worlds) 載於《企業和社會》(Enterprise & Society 3)，2002，581–605頁

139 Dunning，《多國企業》(Multinational Enterprises)；Mira Wilkins，《多國企業的出現：從殖民時代到1914年的美國海外生意》(The Emergence of Multinational Enterprise: American Business Abroad from the Colonial Era to 1914)，Cambridge, Mass.，1970；Dunning，《多國企業的成熟：從1914年到1970年的美國海外生意》(The Maturing of Multinational Enterprise: American Business Abroad from 1914 to 1970)，Cambridge, Mass.，1974

140 D. Yergin，《價格：對石油、金錢和權力的追逐》(Der Preis. Die Jagd nach Öl, Geld und Macht)，Frankfurt a.M.，1993

141 G. Gereffi / D. L. Wyman 主編《製造業奇跡：拉美和東亞的工業化路徑》(Manufacturing Miracles: Paths of Industrialization in Latin America and East Asia)，Princeton, NJ，1990

142 D. Bell，《意識形態的終結：五十年代政治觀念的衰竭》(The End of Ideology: On the Exhaustion of Political Ideas in the Fifties)，New York，1961，第 2 版

143 參見 G. Therborn，《歐洲現代性及以後：1945–2000 年歐洲社會的發展軌跡》(European Modernity and Beyond: The Trajectory of European Societies 1945–2000)，London，1995，47–50 頁；N. Naimark，《仇恨的火焰：二十世紀歐洲的種族清洗》(Fires of Hatred: Ethnic Cleansing in Twentieth–Century Europe)，Cambridge, Mass.，2001

144 R. Kroes，《見到一人，如見廣場：歐洲人和美國大眾文化》(If You've Seen One You've Seen the Mall: Europeans and American Mass Culture)，Urbana / Chicago，1996

145 參見 K. Maase，《真棒！美國──五十年代聯邦德國青少年文化考察》(BRAVO Amerika. Erkundungen zur Jugendkultur der Bundesrepublik in den fünfziger Jahren)，Hamburg，1992；U. G. Poiger，《爵士、搖滾和叛逆──冷戰政治和美國文化在分裂的德國》(Jazz, Rock and Rebels. Cold War Politics and American Culture in a Divided Germany)，Berkeley，2000

146 參見 S. Sassen，《世界市場之中樞：全球化城市的新角色》(Metropolen des Weltmarkts. Die neue Rolle der Global Cities)，Frankfurt a.M.，1997，第 2 版

147 參見 H. Berghoff / B. Korte 主編《現代旅遊業的形成：英國經驗的文化史，1600–2000》(The Making of Modern Tourism: The Cultural History of the British Experience, 1600–2000)，New York，2002；L. Turner / J. Ash，《黃金部落：國際旅遊業和快樂的邊緣》(The Golden Hordes: International Tourism and the Pleasure Periphery)，London，1975；A. G. Hopkins，《有帝國和無帝國的全球化：從巴厘島到拉布拉多半島》(Globalization With and Without Empires: From

Bali to Labrador）載於 Hopkins 主編《世界歷史中的全球化》
（Globalization in World History），220–242 頁

148　J. L. Watson 主編《東方的金色拱門：麥當勞在東亞》（Golden Arches East: McDonald᾽s in East Asia），Stanford，1997，15 頁

149　參見 Abelshauser，《變革與持續》（Umbruch und Persistenz），517 頁及以下；P. Erker，《西德經濟的"美國化"？研究現狀與前景》（《Amerikanisierung》der westdeutschen Wirtschaft? Stand und Perspektiven der Forschung）載於 K. H. Jarausch / H.Siegrist，《1945–1970 年德國的美國化和蘇俄化》（Amerikanisierung und Sowjetisierung in Deutschland 1945–1970），Frankfurt a.M.，1997，137–145 頁；P. A. Hall / D. Soskice 主編《資本主義的種種變體：比較優勢的機構性基礎》（Varieties of Capitalism: The Institutional Foundations of Comparative Advantage），Oxford，2001

150　參見 C. Fink / P. Gassert / D. Junker 主編《1968：世界轉型》（1968: The World Transformed），Cambridge，1998；W. Kraushaar，《作為神話、密碼、轉折的 1968 年》（W. Kraushaar, 1968 als Mythos, Chiffre und Zäsur），Hamburg，2000

151　A. Dirlik，《第三世界》（The Third World）載於 Fink / Gassert / Junker 主編《1968》，1968，295–317 頁

152　J. R. McNeill，《陽光下的新事物：二十世紀世界環境史》（Something New Under the Sun: An Environmental History of the Twentieth–CenturyWorld），NewYork，2000，51 頁

153　D. L. Meadows u. a.，《增長的極限：羅馬俱樂部關於人類狀況的報告》（Die Grenzen des Wachstums. Bericht des Club of Rome zur Lage der Menschheit），Stuttgart，1972

七、結論

154　參見 M. Castells，《互聯網銀河系：關於互聯網、生意、社會的反思》(The Internet Galaxy: Reflections on the Internet, Business, and Society)，Oxford，2001，第 1 章

155　參見 Y. Y. Haddad，《伊斯蘭的全球化：穆斯林重返西方》(The Globalization of Islam: The Return of Muslims to the West) 載於 J. L. Esposito 主編《牛津伊斯蘭史》(The Oxford History of Islam)，1999，601–41 頁

156　參見 S. Hesse，《全球化的地勤人員》(Das Bodenpersonal der Globalisierung) 載於 2002 年 12 月 11 日《時代報》(Die Zeit)

157　相關的形象化表述見 J. MacGaffey / R. Bazanguissa–Ganga，《剛果–巴黎：法律邊緣的跨國商人》(Congo–Paris: Transnational Traders on the Margins of the Law)，Oxford，2000，80 頁

158　M. Obstfeld / A. M. Taylor，《國際資本長期流動性》(International Capital Mobility in the Long Run) 載於 M. D. Bordo / C. D. Goldin / E. N. White 主編《關鍵時刻：二十世紀的大蕭條和美國經濟》(The Defining Moment: The Great Depression and the American Economy in the Twentieth Century)，Chicago，1998，353–403 頁

159　如今附有 Eric Hobsbawm 的引言：K. Marx / F. Engels，《共產黨宣言》(Das Kommunistische Manifest)，Hamburg，1999，48 頁

160　《世界新工場》(A New Workshop of the World) 載於 2002 年 10 月 12 日《經濟學人》(The Economist)

161　對此形象生動的表達見 G. Achar 主編《全球化圖解》(Atlas der Globalisierung)，Berlin，2003

162　S. Economides / P. Wilson，《關於國際關係中經濟因素的簡介》

（The Economic Factor in International Relations: A Brief Introduction），London，2001，190–191頁

163　參見 A. O. Hirschman，《外流與矛盾：對企業、組織、國家效率下降的反應》（Abwanderung und Widerspruch. Reaktionen auf Leistungsabfall bei Unternehmungen, Organisationen und Staaten），Tübingen，1974

164　參見 S. N. Eisenstadt，《現代的多樣性》（Die Vielfalt der Moderne），Weilerswist，2000，以及《代達洛斯》（Themenheft）雜誌《多樣現代性》（Multiple Modernities）專題集，《美國藝術與科學學院學報》（Journal of the American Academy of Arts and Sciences）129卷（2000），第 1 期

推薦文獻

理論

1 Albrow, M.：《告別民族國家──全球化時代的國家與社會》（Abschied vom Nationalstaat. Staat und Gesellschaft im globalen Zeitalter），Frankfurt a.M.，1998

2 Beck, U. 主編：《世界社會的視角》（Perspektiven der Weltgesellschaft），Frankfurt a.M.，1998

3 Beck, U.：《甚麼是全球化？全球主義之誤──針對全球化的回答》（Was ist Globalisierung? Irrtümer des Globalismus – Antworten auf die Globalisierung），Frankfurt a.M.，1998，第4版

4 Ben–Rafael, E. / Sternberg, Y. 主編：《身份、文化與全球化》（Identity, Culture and Globalization），Leiden，2001

5 Bentley, J. H. 主編：《牛津世界史手冊》（The Oxford Handbook ofWorld History），Oxford，2011

6 Castells, M.：《訊息時代》（Das Informationszeitalter），3卷本，Opladen，2001–03

7 Clark, I.：《全球化和碎片化──20世紀的國際關係》（Globalization and Fragmentation: International Relations in the Twentieth Century），Oxford，1997

8 Grandner, M. / Rothermund, D. / Schwentker, W. 主編：《全球化與全球史》（Globalisierung und Globalgeschichte），Wien，2005

9 Held, D. 等：《全球轉型：政治、經濟、文化》（Global Transformations: Politics, Economics and Culture），Cambridge，1999

10 Held, D. / McGrew, A. 主編:《全球化理論:方法與爭論》
    (Globalization Theory: Approaches and Controversies),
    Cambridge,2007

11 Hirst, P./ Thompson, G.:《討論中的全球化:國際經濟與管理可
    能性》(Globalization in Question: The International Economy
    and the Possibilities of Governance),Cambridge,1999

12 Holton, R.:《全球化的形成》(Making Globalization),
    Basingstoke,2005

13 Lechner, F. J.:《全球化:世界社會的形成》(Globalization: The
    Making ofWorld Society),Malden, Mass.,2009

14 Robertson, R.:《全球化:社會理論和全球文化》(Globalization:
    Social Theory and Global Culture),London,1992

15 Robertson, R. / White, K. E. 主編:《全球化:社會學中的批判概
    念》(Globalization: Critical Concepts in Sociology),6卷本,
    London,2003

16 Therborn, G.:《世界:初學者指南》(The World: A Beginner's
    Guide),Cambridge,2011

17 Turner, B. S. 主編:《勞特利奇出版社全球化研究國際手冊》
    (The Routledge International Handbook of Globalization
    Studies),London /New York,2010

歷史

18 Bayly, C. A.:《現代世界的誕生:全球史 1780–1914》(Die
    Geburt der modernen Welt. Eine Globalgeschichte, 1780–
    1914),Frankfurt a.M.,2006

19 Bordo, M. D. / Taylor, A. M. / Williamson, J. G. 主編:《歷史
    視角中的全球化》(Globalization in Historical Perspective),
    Chicago,2003

20 Curtin, P. D.:《世界與西方:帝國時代歐洲的挑戰和海外的反應》

(The World and the West: European Challenge and the Overseas Response in the Age of Empire)，Cambridge，2000

21 Darwin, J.：《帝國夢──大帝國的全球史 1400–2000》(Der imperiale Traum. Die Globalgeschichte großer Reiche 1400–2000)，Frankfurt a.M. / New York，2010

22 Edelmayer, F. 等主編：《歐洲世界貿易史和經濟全球化過程》(Die Geschichte des europäischenWelthandels und der wirtschaftliche Globalisierungsprozeß)，Wien，2001

23 Findlay, R. / O'Rourke, K. H.：《力量與繁榮：第二個千年的貿易、戰爭和世界經濟》(Power and Plenty: Trade, War and the World Economy in the Second Millennium)，Princeton，2007

24 Fischer, W.：《擴張──整合──全球化：世界經濟史研究》(Expansion, Integration, Globalisierung. Studien zur Geschichte der Weltwirtschaft)，Göttingen，1998

25 Girault, R.：《歐洲外交：民族與帝國主義，1871–1914》(Diplomatie européenne: Nations et impérialismes, 1871–1914)，Paris，1997，第3版

26 Gunn, G. C.：《第一次全球化：1500–1800 年的歐亞交流》(First Globalization: The Eurasian Exchange 1500–1800)，Lanham，2003

27 Headrick, D.：《進步的觸角：帝國主義時代的技術轉讓，1850–1940》(The Tentacles of Progress: Technology Transfer in the Age of Imperialism, 1850–1940)，New York，1988

28 Herren, M.：《1865 年以來的國際組織──國際秩序的全球史》(Internationale Organisationen seit 1865. Eine Globalgeschichte der internationalen Ordnung)，Darmstadt，2009

29 Hobsbawm, E.：《帝國時代 1875–1914》(Das imperiale
   Zeitalter 1875–1914)，Frankfurt a.M.，1989

30 Hobsbawm, E.：《極端的時代：20世紀的世界史》(Das Zeitalter
   der Extreme: Weltgeschichte des 20. Jahrhunderts)，
   München，1995

31 Hopkins, A. G. 主編：《世界史上的全球化》(Globalization in
   World History)，London，2002

32 Hugill, P. J.：《1844年以來的全球通訊：地緣政治與技術》
   (Global Communications since 1844: Geopolitics and
   Technology)，Baltimore, Md.，1999

33 Kenwood, A. G. / Lougheed, A. L.：《1820–2000年國際經
   濟增長情況介紹》(The Growth of the International Economy
   1820–2000: An Introductory Text)，London，1999，第4版

34 Osterhammel, J. / Conrad, S. 主編：《跨國的帝國：德國在世界
   1871–1914》(Das Kaiserreich transnational. Deutschland
   in der Welt 1871–1914)，Göttingen，2004

35 Pomeranz, K.：《巨大的差異：中國、歐洲以及現代世界經濟的形
   成》(The Great Divergence: China, Europe, and the Making
   of the Modern World Economy)，Princeton，2000

36 Radkau, J.：《生態學的時代：一部世界史》(Die Ära der
   Ökologie. Eine Weltgeschichte)，München，2011

37 Reinhard, W. / Müller–Luckner, E. 主編：《世界國有化？歐
   洲的國家模式和非歐洲地區的權力過程》(Verstaatlichung der
   Welt? Europäische Staatsmodelle und außereuropäische
   Machtprozesse)，München，1999

38 Reynolds, D.：《一個可分的世界：1945年以來的全球史》(One
   World Divisible: A Global History since 1945)，New York，
   2000

39 Rothermund, D.：《1929–1939年經濟危機中的世界》(Die Welt

in der Wirtschaftskrise, 1929–1939），Münster，1992

40 Rothermund, D.:《德里，1947 年 8 月 15 日——殖民統治的終結》(Delhi, 15. August 1947. Das Ende kolonialer Herrschaft），München，1998

41 Walter, R.:《世界經濟史導論》(Geschichte der Weltwirtschaft. Eine Einführung），Köln，2005

42 Weinberg, G.:《槍炮的世界：二戰全球史》(Eine Welt in Waffen. Die globale Geschichte des Zweiten Weltkriegs），Stuttgart，1995

43 Wendt, T.:《從殖民主義到全球化：1500 年以來的歐洲和世界》(Vom Kolonialismus zur Globalisierung. Europa und die Welt seit 1500），Paderborn，2007

44 Westad, O. A.:《全球冷戰：第三世界的干涉和我們時代的形成》(The Global Cold War: Third–World Interventions and the Making of Our Times），Cambridge，2005